QUADERNI DEL CENTRO CULTURALE SANT'AGOSTINO / 15

Ripubblicato da Stephen Street www.bottesiniurtext.com

SI RINGRAZIANO

Regione Lombardia

Provincia di Cremona

Triennale degli strumenti ad arco di Cremona

Fondazione Banca del monte di Lombardia

GIOVANNI BOTTESINI CONCERTISTA E COMPOSITORE

Esecuzione, ricezione e definizione del testo musicale

ATTI DELLA GIORNATA DI STUDI

CREMA, 26 OTTOBRE 1996

a cura di
Flavio Arpini

COMUNE DI CREMA

ISBN: 978-1-8381287-0-8

INDICE

PREMESSA

Lo svolgimento del Concorso internazionale "Giovanni Bottesini - Città di Crema" offre la preziosa occasione per promuovere nuovi e stimolanti percorsi di ricerca e di studio, in modo da delineare e approfondire sempre meglio la figura e l'estro musicale dell'insigne musicista cremasco. A Giovanni Bottesini, infatti, e alla sua opera sono state dedicate, fin dalle precedenti edizioni, giornate di studio che hanno permesso, attraverso la successiva pubblicazione degli atti, una più puntuale lettura della sua produzione musicale.

Ma è grazie anche alla continuità della ricerca che si è potuto dare respiro e rigore al progetto di riscoperta bottesiniana. Con la presente pubblicazione l'Amministrazione comunale intende proseguire nell'aggiornamento dei diversi aspetti della ricerca biografica, musicologica e filologica legati al compositore e al suo tempo, nonché nella virtuosa unione di intenti fra momenti esecutivi da un lato e la predisposizione dall'altro di strumenti d'approfondimento della conoscenza del pensiero musicale bottesiniano, utili sia ai musicofili quanto agli esecutori.

Viene così ad assolversi l'impegno assunto dall'Amministrazione comunale di pubblicare una raccolta di saggi, nati da una giornata di studi promossa nel 1996, dedicati a connotazioni particolari della ricezione, dell'esecuzione e della definizione del testo musicale bottesiniano, indagini e riflessioni che arricchiscono il più ampio panorama coevo e che sono a loro volta completate dall'accurata e aggiornata documentazione discografica con cui si conclude il volume.

La contemporanea edizione critica di un concerto per contrabbasso di Giovanni Bottesini rende ancor più evidente il tentativo di fondere armoniosamente le diverse prospettive di ricerca; è data infatti al lettore la possibilità di spaziare dall'interpretazione e valutazione degli studi preparatori e di approfondimento sino alla lezione del testo musicale disposto dall'autore. Sono tutti strumenti di avvicinamento a un orizzonte culturale, quello dell'Ottocento, così vicino alle radici del nostro secolo per cui si risolvono, in definitiva, in un arricchimento della sensibilità musicale comune.

Vincenzo Cappelli
Assessore alla cultura del Comune di Crema

INTRODUZIONE

Le figure dominanti dei maggiori operisti italiani dell'Ottocento, Rossini e Verdi in particolare, hanno a lungo oscurato e in alcuni casi emarginato la presenza di molti musicisti attivi nella penisola e fuori. (Lo stesso Donizetti ha in parte subito questo destino: e solo in tempi relativamente recenti ne è stata avviata una rivalutazione che sta rendendo giustizia alla sua genialità di musicista e di drammaturgo). Gli è che Rossini e Verdi non sono venuti dal nulla. La loro opera ha profonde e salde radici in un fitto e intricato sottobosco fatto di rapporti, di influenze, di scambi, che richiedono d'essere scandagliati e chiariti nella loro autentica portata. Fare luce sull'attività dei cosiddetti 'minori' è divenuto ormai compito precipuo delle nuove generazioni di studiosi, che già vi si stanno impegnando, armati dei più moderni strumenti d'indagine per sondare un terreno lasciato a lungo inesplorato, con lo scopo di chiarire attraverso i documenti e le testimonianze le reali dimensioni della vita musicale italiana dell'Ottocento, 'questo sonosciuto'. I documenti e le testimonianze, si sa, parlano già da soli, sono eloquenti di per sé.

Da qualche tempo alcuni giovani studiosi, guidati da Flavio Arpini, stanno collaborando con le istituzioni di Crema allo scopo di promuovere ricerche sull'attività musicale cremasca e sui musicisti che operarono in questa città. E che musicisti! a citare solamente i nomi del veronese Giuseppe Gazzaniga (autore di quel Convitato di pietra *che sta come antecedente del* Don Giovanni *di Mozart) e dei cremaschi Stefano Pavesi (autore del fortunatissimo* Ser Marcantonio *che a sua volta sta come antecedente del* Don Pasquale *di Donizetti) e Giovanni Bottesini. In questi ultimi anni l'attività si è concentrata particolarmente su Bottesini interprete e compositore.*

Fra i protagonisti dell'Ottocento musicale italiano la fama di Bottesini è rimasta a lungo legata quasi esclusivamente alla sua attività di virtuoso del contrabbasso. E per lo più ad essa sola dedicano spazio storici e cronisti, relegando a margine la sua opera di compositore. Certamente il virtuoso riscosse una indiscussa celebrità internazionale per la sua stupefacente abilità tecnica e la sua sorprendente espressività. Un virtuoso, peraltro, non solitario, come si sarebbe portati a credere in riferimento a uno strumento nato soprattut-

to come base armonica e ritmica dell'orchestra e apparentemente negato al canto. Si sa che il virtuosismo strumentale dell'Ottocento, sempre più orientato – nella sua ostinata ricerca dell'inarrivabile e dell'inimitabile al fine di meravigliare le platee – verso il descrittivismo (vedi Liszt), coinvolse pressoché tutti gli strumenti musicali, dal pianoforte al violino, dal flauto alla tromba, dal fagotto al mandolino. Ai tempi di Bottesini eccellevano nel contrabbasso non pochi concertisti, quali, per citarne solo alcuni, Giuseppe Bonazzo, Giambattista Bozzetti, Ercole Cavazza, Angelo Ceschina, Gilardoni, Antonio Mugnone, Luigi Negri, Antonio Scontrino. Ma Bottesini svettò nettamente su tutti per un complesso di doti, tecniche ed espressive, quali nessun altro arrivò mai a eguagliare. Ha lasciato scritto Fétis: «La bellezza del suono, la sua meravigliosa destrezza nei passaggi più difficili, il suo modo di cantare, la delicatezza e la grazia dei suoi ornamenti, contribuiscono a formare il talento più completo che si possa immaginare». Alcune vivide testimonianze del suo stupefacente talento ci reca ora in questo volume il contributo di Francesco Passadore a proposito delle tre tournées veneziane.

La sua attività di compositore, solo apparentemente occasionale e solitaria, ha invece dovuto attendere questa fine di secolo per vedere riaccesa – grazie in particolare agli studi promossi dal Comune di Crema nell'ambito del Concorso internazionale per contrabbassisti – un'attenzione da parte di studiosi e di interpreti che va suscitando numerosi consensi. Al di là dei meriti intrinseci di singoli lavori, Bottesini si viene sempre più rivelando uno dei compositori più originali e aggguerriti dell'Ottocento musicale italiano, di estro diseguale, sì, ma sempre vivissimo e sapido. Negli aspetti di una tecnica virtuosistica sempre più avanzata, portata ai limiti dell'impossibile, si avvertono i riflessi di esperienze maturate a contatto con gli ambienti musicali europei: Berlioz e la musica strumentale francese in particolare; ma anche la musica strumentale tedesca, come ampiamente attesta e puntualizza in questo volume l'indagine di Pietro Zappalà sulla conoscenza di Mendelssohn da parte del musicista cremasco. E sono esperienze filtrate, sì, attraverso l'imperante clima 'melodrammatico' ottocentesco, ma composte tuttavia entro una nitida classicità di forme da cui sprigionano sorprendenti invenzioni timbriche e ritmico-melodiche che formano il pregio di molte composizioni strumentali di Bottesini, in particolare i suoi Concerti – alla cui definizione del testo musicale rivolge l'attenzione, in questo volume, Flavio Arpini, districandosi fra una selva di autografi e di varianti – e soprattutto i quartetti e il Gran Quintetto. Fatta eccezione per il solitario quartetto di Verdi, Bottesini può essere considerato a giusto titolo il maggiore quartettista italiano del secondo Ottocento, come dimostra quella «straordinaria composizione» che è il Quartetto n. 6 in Mi minore, sulla quale riflette in questo volume un esperto quale Antonio Delfino in vista dell'edizione critica. Anche l'opera teatrale di Bottesini viene rivelando, a una più attenta rilettura, una saldezza compositiva e una compiutezza formale che assegnano al musicista cremasco una posizione originale che non va confusa con la superficialità imputabile a molti compositori operanti nell'ombra di Verdi. Se, come osservò a suo tempo Giuseppe Depanis, anziché cercare di tradurre il testo in azione drammatica, Bottesini nel libretto «cercava e vedeva i pezzi» (conforme una concezione dell'opera in musica peraltro comune a tanti compositori italiani e stranieri del suo tempo) egli seppe unire la grazia dell'eloquio alla varietà dell'inventiva e alla linearità del canto, calandole entro forme di squisita e nient'affatto convenzionale fattura, sempre sostenute da un alto grado di perizia strumentale. Intorno a Ero e Leandro, su libretto ceduto da Boito, e più in particolare a proposito della sconosciuta Cedar, «opera fantastica» composta nel 1880 e mai rappresentata, si sofferma in questa raccolta di atti congressuali l'attenzione di Rosa Cafiero.

Siamo dunque di fronte a un volume denso di documenti, di indagini, di riflessioni, che viene ad aggiungersi ai precedenti, e che in misura ancor più approfondita dei precedenti contribuisce a una conoscenza più puntuale dell'attività compositiva di Bottesini. Quando un'impresa tanto meritoria, come quella avviata dai giovani studiosi riuniti in questa silloge ospitata nella collana dei Quaderni del Centro Culturale S. Agostino di Crema, nasce bene e ancor meglio cresce, non resta che augurarsi che essa prosegua. Vi è davvero molto materiale ancora da scandagliare, tanti argomenti su cui lavorare. E chissà per quanti anni ancora.

Marcello Conati

FRANCESCO PASSADORE

LA RICEZIONE DI BOTTESINI:
LE *TOURNÉES* VENEZIANE

Nel XIX secolo le testimonianze sulla carriera di un musicista, sulla sua fortuna e sulle sue apparizioni pubbliche in qualità di interprete di musiche proprie o altrui, trovavano spazio nella pubblicistica, sia in periodici musicali sia in quelli dediti all'informazione generale che va dalla politica interna e internazionale alla cronaca locale con le programmazioni teatrali e le recensioni degli avvenimenti artistici o di costume più rilevanti. Nel caso del poliedrico Bottesini la critica ebbe modo di sbizzarrirsi come per pochi altri musicisti, considerato che egli, oltre che un virtuoso di contrabbasso, fu anche un valente camerista (e in questa veste si alternava spesso al violino, alla viola, al violoncello e al pianoforte), compositore, direttore d'orchestra e organizzatore musicale. L'oggetto del nostro intervento è la ricezione di Bottesini nella sua veste di virtuoso di contrabbasso, segnatamente alle tre *tournées* veneziane degli anni 1844, 1858 e 1877, che nella fattispecie vengono prese a modello in quanto sufficientemente distanziate fra di loro nell'arco di un trentennio e tenutesi nella medesima piazza: Venezia. In alcune occasioni le recensioni testimoniano l'esecuzione di musiche, improvvisate o composte dallo stesso virtuoso, delle quali non sembra essere rimasta traccia, cosicché la cronaca musicale, fornendo informazioni apparentemente marginali, riesce ad indirizzare la ricerca in spazi e direzioni imprevedibili, fino a far scoprire composizioni sconosciute oppure a cogliere palesi fraintendimenti dei recensori alla luce dei titoli e degli organici attribuiti ad alcune musiche una volta edite. Com'è noto, le accademie ottocentesche spesso prevedevano l'esecuzione di musiche di diverso genere e organico, con la conseguente partecipazione dei più disparati interpreti; in particolare, la musica strumentale poteva trovare spazio, quale intermezzo, fra gli atti di un melodramma, di una rappresentazione in prosa o nell'ambito di serate dedicate alla declamazione poetica. In ogni caso la reazione della critica musicale veniva quasi sempre soggiogata dal fascino del funambolico virtuosismo di Bottesini.

I veneziani ebbero modo di apprezzare le doti del ventunenne Bottesini, sia nella veste di virtuoso sia in quella di compositore, in tre concerti tenutisi nel giugno del 1844 presso il teatro San Benedetto, dove il giovane musicista era stato ingaggiato in qualità di primo contrabbasso,[1] e presso il teatro Apollo, assieme al contrabbassista Giovanni Arpesani.[2] La critica specialistica sembra non aver trovato spazio nelle pagine della «Gazzetta Privilegiata di Venezia», dove i consueti annunci si limitano a premettere l'aggettivo «celebri» ai nomi dei due interpreti. Una fama che, se per Arpesani era per lo più confinata all'ambiente veneziano, per Bottesini era ormai riconosciuta in ambito nazionale, essendo stato proclamato «il Paganini del contrabbasso»[3] in occasione dell'esibizione dell'anno precedente alla corte di Maria Luigia di Parma. Verranno proposti, probabilmente in entrambe le sedi, il *Concerto* per due contrabbassi e pianoforte composto dagli stessi interpreti[4] e le *Passioni amorose* (o *Passione amorosa*), per lo stesso organico, su temi di Rossini,[5] nell'ambito di una declamazione drammatica al San Benedetto,[6] in un'accademia alla quale parteciparono anche il soprano Teresina Brambilla e il baritono Filippo Coletti,[7] e di una rappresentazione di prosa all'Apollo.[8] Si conclude così la prima *tournée* veneziana, senza esaltanti riscontri da parte della locale critica musicale, diversamente da quanto accadrà l'anno successivo quando Bottesini parteciperà ad un'accademia strumentale tenutasi presso il San Benedetto, giovedì 22 maggio 1845, a beneficio dell'Accademia degli asili di carità per l'infanzia, nella quale si esibirono anche il violinista Cesare Trombini, il flautista Giulio Briccialdi, il trombonista Gioacchino Bimboni e la chitarrista Nina Morra. Per l'occasione Tommaso Locatelli scriverà una breve recensione i cui toni preludono quelle entusiastiche che appariranno nella «Gazzetta» a commento delle successive *tournées*. Il recensore anticipa, ad esempio, l'immagine del contrabbasso «ribelle» che viene domato e trasformato dal virtuoso in una docile e soave viola d'amore che canta con il calore della voce umana:

> In una sera in cui tutti i teatri per la festa del giorno, la solennità del Corpus Domini, eran chiusi, a lei [la Carità] si aperser le porte di quello in S. Benedetto, ed ella ci compose, anzi ne improvvisò un'accademia delle più belle e singolari che mai si udissero in teatro. In essa ammiraronsi due musicali portenti:[9] uno il *Bottesini*, che piegò il violone alla soavità d'una viola d'amore, e su quel ribelle istrumento ti ricerca il cuore con un canto così espressivo e toccante, che più non potrebbe fare l'umana voce aiutata dalla parola; senza parlare delle

più ardite difficoltà d'esecuzione ch'ei supera con un valore quasi incredibile, chi vede l'immensità dello sforzo, con cui gli conviene domarle.[10]

Dopo quattordici anni trascorsi in un vorticoso spostarsi entro i confini italiani, ma più spesso attraverso l'Europa, fino ad America e Cuba, Bottesini rientra in Italia nel 1858 dopo circa dodici anni di assenza. Inizia il suo soggiorno italiano da Napoli, dove si ferma nei mesi di aprile e maggio;[11] lo troviamo quindi a Milano e Torino e, infine, giunge a Venezia negli ultimi giorni di giugno e vi soggiorna sino ad agosto.[12] Anche qui sarà impegnato in concerti, esecuzioni fra gli atti di opere con brani di spiccato virtuosismo e in accademie organizzate da nobili melomani presso i propri palazzi. A tal proposito, sarà ospite in una delle famiglie musicali più in vista della Venezia medio ottocentesca, quella di Giuseppe Contin conte di Castelseprio, autore di musiche per violino e pianoforte, eletto nel 1877 presidente del Liceo musicale di Venezia. Lo stesso Giuseppe era un abile violinista mentre il fratello Francesco era un buon dilettante di violoncello. Nelle due accademie che si tennero a casa Contin il 14 e il 15 luglio (cui partecipò anche l'ormai famoso Cesare Trombini) si eseguirono il primo *Quintetto* di Bottesini, il *Quintetto* per archi in Do magg. op. 29 di Beethoven, un non ben identificato *Quartetto* op. 14 n. 3 di Haydn [13] e l'op. 31 di Delphin-Jean Alard, come riferisce una corrispondenza apparsa sulla «Gazzetta Musicale di Milano»:

Presso la nobile famiglia De Contin, che in Venezia rappresenta il più amoroso culto dell'arte musicale, conveniva nella sera di mercoledì 14 corrente mese [luglio] quello che con verità fu detto il Gran Re della nota – Giovanni Bottesini –. Ed una scelta adunanza di amici e di artisti ebbe l'indicibile piacere di udire un Gran Quintetto per due violini, viola, violoncello e contrabasso, di stile classico e del genere di Onslow,[14] stupenda composizione dell'egregio concertista, al quale si associarono interpreti dell'opera sua C. Trombini, Giuseppe e Francesco De Contin ed il prof. Moja. Fu così grande il diletto del primo esperimento da suscitare unanime il desiderio della ripetizione, la quale confermò il giudizio di tutti sul merito sommo del Bottesini, che a buon diritto può aspirare al vanto di lasciar dubbio "se maggior gloria gli competa com'esecutore ovvero come compositore".

La gentilezza del Cav. Giuseppe De Contin rallegrò quella serata deliziosa con un suo Concerto per Violino che suonò bellamente così da far obliare il dilettante e credere al vero artista perfetto, il quale al dono di un mirabile ed oltre ogni dire spontaneo meccanismo, accoppia un sentimento squisito ed un raro talento per la composizione. E nell'*adagio* vi si aggiunse degnamente il fratello Cav. Francesco col violoncello; e questi figli carissimi ed invidiati accompagnò la madre con quella perizia che la tiene ancora regina tra le venete suonatrici di pianoforte.

La graziosa condiscendenza del Bottesini offerse anche un Solo graziosissimo per contrabasso che portò al colmo l'ammirazione e l'applauso.

E poscia C. Trombini ed il suo dilettissimo amico Giuseppe De Contin suonarono il 1.° Gran Duetto concertante di Alard, Op. 31,[15] con quell'effetto che puossi immaginare dal perfetto accordo di due giovani nei quali è singolare l'armonia del sentire e frequente l'unione così da poterli dire cresciuti ad una sola scuola contemporanea.

Per ultimo il pianista Seeling [16] di Praga divise meritamente gli applausi della eletta società con una sua splendida composizione, la quale avrebbe bastato a collocarlo nel novero degli artisti più eminenti, se a Venezia ne fosse stato l'uopo, poscia che per oltre due anni, cercando in questa città ospitale riparazione alla sua malferma salute, convalidò la sua fama, e già fu collocato sul più elevato seggio per giudizio di tutti quelli che son leali ed onesti, e sanno apprezzare un talento straordinario congiunto ad una bontà e gentilezza non saprei se più grandi o singolari.

Nel dì successivo l'impareggiabile Bottesini, col suo amico Arpesani, che con onore ne segue l'orme gloriose, vollero rinnovare il diletto e riservarlo unicamente alla nobile famiglia De Contin ed a me che vi posso attestare una perfetta esecuzione del 3°. Quintetto di Beethoven, Op. 29.[17] e del 3°. Quartetto di Haydn, Op. 14. Ed avvenne che al Bottesini suonando la prima viola nel Quintetto saltassero le corde tutte col ponticello per rottura della cordiera. Ne volete il rimedio? il sommo artista diede mano al contrabasso, e progredì non solo al fine del Quintetto, ma fu venturoso l'accidente, perché ne trasse suoni ed effetto che niun altro suonatore colla viola potrebbe dare. Questi particolari io vi scrissi a provarvi che in Venezia non si lasciano le occasioni per fare la buona musica. Il nostro piacere non posso spiegarvelo. Voi lo potete immaginare. A. TROMBINI.[18]

In quell'occasione Bottesini si esibisce al violino, alla viola, al violoncello, al pianoforte e partecipa all'esecuzione del proprio *Gran quintetto* in Do min. n. 1 per due violini, viola, violoncello e contrabbasso dedicato a Mercadante e composto da poco più di un mese.[19] La versatilità di Bottesini strumentista, in grado di farsi onore con strumenti diversi dal contrabbasso sarà più volte rilevata dalla critica che non mancherà di celebrarne la finezza delle interpretazioni. Ad esempio, in occasione del concerto inaugurale del Circolo Bonamici di Napoli nel quale si eseguirono musiche di Bonamici, Krakamp, Weber, Schubert e Bottesini, il recensore de «Il Trovatore» scriveva: «[...] i primi onori toccarono a Bottesini, che si fece ammirare come suonatore di viola, di contrabbasso, di pianoforte e come compositore, per essersi eseguito un suo quartetto».[20] E ancora, a proposito delle esecuzioni che si tenevano a Napoli in casa dello stesso Bottesini:

> [...] è qui da alquanti giorni il Bottesini; prepara un concerto? Lo volesse il cielo! Per ora in sua casa eseguisce, insieme col Pinto, col Zingaropoli e con altri egregi dilettanti, musica classica, e passa da uno strumento all'altro; abbandona il pianoforte pel violino, questo pel violoncello, e prende parte così a tutti i pezzi, suonando uno strumento diverso. Finora non ha ancora preso il contrabbasso, chissà che non aspetti a deliziare un pubblico numeroso. Teatri e sale, per un Bottesini, non mancheranno, come non mancherà il pubblico – ACUTO.[21]

Ma Bottesini, oltre a dare saggio della sua bravura di solista e di valente esecutore di violino, viola e violoncello, sarà costantemente proteso nella diffusione del repertorio cameristico. Ad esempio, è all'insegna della più sincera gratitudine che il critico della «Gazzetta Musicale di Milano» commenta l'esecuzione, allestita in casa dello stesso Bottesini in uno degli incontri musicali della domenica, di due quintetti: uno dello stesso Bottesini e uno di Quarenghi e del *Quartetto* op. 130 di Beethoven con i violinisti Trombini, Cavallini e il violoncellista Santelli:

> [...] l'udire buona musica classica, bene eseguita, è un avvenimento così raro che non ci lasciamo sfuggire una delle più belle occasioni a parlarne [...]. Dobbiamo essere grati a Bottesini che ci ha procurato un simile diletto! Quando si ripeteranno di queste occasioni? Crediamo assai di rado: anche la Società degli Artisti che con lodevole impegno aveva incominciati alcuni trattenimenti di musica clas-

sica, ha dovuto sospenderli per l'intolleranza inesplicabile di coloro
che la odiano, addirittura sotto tutte le forme e di quelli più numerosi che dal pianoforte e dal violino non vogliono udire che Valzer e
Mazurke.[22]

Incontri musicali, quelli domenicali, che si tengono nell'abitazione milanese di
Bottesini dal settembre 1858 al gennaio successivo e che diverranno un punto
di riferimento per i (pochi) cultori del genere cameristico:

> [...] l'amore per la buona musica si dilata ogni giorno di più, e si fa
> strada anche fra noi: già a Milano, nelle mattine della domenica si
> possono trovare due piccole riunioni di artisti e buongustai che ese-
> guiscono ed ascoltano religiosamente i capolavori delle scuole oltre-
> montane. Dall'una parte il pianista Fasanotti [...]; dall'altra parte il
> Bottesini.[23]

Nel 1862 Bottesini promuoverà a Napoli la costituzione della Società dei
Concerti Popolari con il fine di far ascoltare, accanto agli operisti italiani, i classici tedeschi, ottenendo buoni risultati anche se inferiori alle aspettative iniziali:[24]

> E Napoli, a voler dire il vero, molto deve al Bottesini direttore d'or-
> chestra, perché sono ormai quindici anni, istituendo i suoi concerti
> popolari orchestrali, fece per la prima volta udire la Sinfonia
> *Pastorale*, l'*Eroica*, quella del *Sogno di una notte d'estate,*
> l'Ouverture del *Pardon de Ploërmel*,[25] e moltissimi altri componi-
> menti fra i più classici del Mozart, dell'Haydn e fino dello Spohr.
> Musica siffatta produsse una rivoluzione nel ceto artistico: si conob-
> be allora essere necessari certi studi peculiari su compositori avver-
> sati da chi non sapeva e non voleva comprendere le intime bellezze
> per malintesi pregiudizi di scuola. [...] Allora i classici erano banditi
> dal Conservatorio; a detta di Mercadante, il solo tedesco che non po-
> teva guastare le orecchie degli italiani era Mozart. Orquando fu co-
> stretto dagli eventi perché i concerti classico orchestrali dal Bottesini
> iniziati avevano splendidamente dimostrato che il campo strumenta-
> le non era poi ristretto solamente alla sinfonia degli zampognari ed a
> certi omaggi composti a spese delle melodie altrui, fece udire
> Mozart.[26]

Tornando ai concerti veneziani del 1858, Bottesini, oltre al concerto privato tenutosi in casa Contin e presso altri nobili melomani veneziani (dei quali non rimangono apprezzabili tracce cronachistiche), terrà sei concerti pubblici nello spazio di tre settimane presso il teatro Apollo e il Casino Apollineo, tante sono le *performances* testimoniate dalla «Gazzetta Uffiziale di Venezia» nella rubrica *Varietà. Notizie musicali.* Il primo concerto ebbe luogo presso il teatro Apollo giovedì 8 luglio con la collaborazione pianistica del veneziano Angelo Tessarin. Fra gli atti di una rappresentazione in prosa tenuta dalla compagnia di Ernesto Rossi, Bottesini eseguì solo composizioni proprie: una non identificabile, ma sicuramente non si trattava di variazioni su temi d'opera o di altra derivazione («tutta di sua composizione», specifica il recensore), la *Fantasia su temi della Sonnambula di Bellini* e le *Variazioni sul Carnevale di Venezia* [27] quale *bis*, destinate a divenire un pezzo pressoché obbligato nelle sue serate. Fu un successo strepitoso, lo stesso Tommaso Locatelli stentava a trovare le parole per descrivere la *performance* del virtuoso:

> Noi l'udimmo, fummo testimoni dell'immenso entusiasmo ch'ei suscitò nel teatro, e appena crediamo a noi stessi. Il *Bottesini* è tal meraviglia, che l'eguale non si vide prima e non si vedrà forse poi. Ei domò il più ribelle strumento, piegò il rude e cupo suono del contrabbasso a' modi del violino soave; e il maneggia e lo sforza colla facilità del più lieve e agevol strumento. Non appar la fatica e non si comprende il sublime artifizio. E tutto questo, il prodigioso meccanismo, è ancor nulla a paragone dell'anima, del sentimento, che informano i suoni, quasi dissi, il suo canto. Ei suonò due pezzi, fra gli atti della commedia: il primo, tutto di sua composizione; il secondo; tratto da varie melodie della *Sonnambula*, ed egualmente da lui composto. In tutti e due con istupor s'ammirano la somma e toccante espressione degli adagi, que' suoni flautati, e sì puri, quella ferma, severa intonazione, tanto più sorprendente, che la nota e le involute e difficili sue forme sono da cercarsi in sì vasto campo. Nei canti del Bellini, pareva alla lettera, che da quelle corde uscisse la parola, e nessun baritono, né nessun soprano mai dissero più soavemente, più potentemente: *Cari luoghi io vi trovai; Ah! non giunge uman pensiero!* [28] Il contrabbasso illudea, parea cantarle. Il brio, la vivacità degli allegri, que' passi ad ogni altro arco impossibili, né da altri intesi, non sono da dirsi: manca la frase a figurarli; ma l'effetto fu straordinario: tanto che dell'ultimo pezzo si chiese fino la replica. E il sonatore gentile ricom-

parve, e diede in cambio, cosa anche più meravigliosa, il *Carnoval di Venezia*, con le più graziose e indiavolate variazioni, che mai su quel tema e ne' varii strumenti si eseguissero; poiché quale esecutore, tale è maestro il *Bottesini*, e le sue sonate in egual modo si lodano e per esecuzione e per finezza di lavoro e buon gusto. Il gran nome di lui avea raccolto in teatro quanti più eletti cultori e professori ha in Venezia la musica, ed essi parteciparono al generale entusiasmo, ne furono anzi più presi degli altri; ei che conoscono tutte le difficoltà dell'arte, e ne possono valutare gl'intimi secreti ed i pregi. Una fu la voce di tutti, e nessuna musicale accademia ebbe successo più universale, più pieno. La gente ne rimase come fuor di sé, sbalordita, e non voleano cessare gli applausi. Il *Tessarin, Angelo*, ebbe l'onore d'accompagnare quel gran re della nota, e degno del re fu il seguace.[29]

La *tournée* veneziana si sarebbe dovuta concludere con le tre apparizioni pubbliche di Bottesini sul palco del teatro Apollo, del 12,[30] 16 [31] e 19 [32] luglio, tanto che il concerto del lunedì 19 era annunciato quale «quarto ed ultimo concerto».[33] In realtà le fatiche veneziane del musicista si protrarranno per consentirgli altre due accademie, rispettivamente al Casino Apollineo,[34] la domenica 25, e al teatro Apollo il mercoledì successivo.[35] La cronaca delle due ultime apparizioni pubbliche – 25 e 28 luglio – trova ampio spazio nella «Gazzetta» veneziana. La serata del 25 prevedeva il *Capriccio di bravura* e la *Fantasia sui Puritani di Bellini* per contrabbasso e pianoforte cui si aggiunsero le consuete *Variazioni sul Carnevale di Venezia*. La collaborazione pianistica era affidata al maestro della cappella marciana Antonio Buzzolla,[36] che nell'ambito della stessa accademia accompagnerà anche un tal violinista Bertrand che si cimenterà in due *Fantasie*, una di propria composizione e una di Henri Vieuxtemps, e nei *Souvenirs de Bellini* di Alexandre-Joseph Artot. Questo fu in realtà un concerto per un pubblico selezionato di musicisti e melomani, ma l'esibizione con cui concluse ufficialmente la sua *tournée* fu quella tenuta presso il teatro Apollo il 25 luglio, dove venne eseguita la *Fantasia sui Puritani*, replicata quale *bis*, e una serie di variazioni sulla canzone popolare *Vieni, la barca è pronta* intitolata *Addio a Venezia*,[37] con le quali salutò nostalgicamente il pubblico veneziano:

VARIETÀ. *Concerto del Bottesini nel* Casino Apollineo, la *mattina del 25 luglio.*
Le sale della Società Apollinea, che le più grandi celebrità musicali

20

le fecero tante volte echeggiare di canti soavi e di suoni maraviglio-
si, non poteano non aprirsi a quell'essere prodigioso, a quel fenome-
no dell'arte istrumentale, che si chiama *Giovanni Bottesini*. La
Società Apollinea, la quale nei trentaquattr'anni, dacché sorse a man-
tener vivo l'amore alla più dilettevole e seducente dell'arti belle, ed
a rappresentare la proverbiale ospitalità veneziana, fu mai sempre fedele alle sue tradizioni. Domenica scorsa raccolse a mattinale armo-
nioso convegno il fiore de' cittadini e la più eletta parte de' forestie-
ri, che in questa calda stagione rendono splendido ed invidiato il soggiorno di Venezia. L'annuncio che vi si avrebbe udito il sommo, l'i-
narrivabile *Bottesini*, fece l'effetto di una magica parola. Nessuno
mancò all'invito: quanto di nobile, di leggiadro e gentile presenta la
società nostrale e forestiera, tutto erasi colà raccolto, o per meglio dire affollato, stipato. La sala maggiore, le ampie stanze, la galleria superiore, sino agli anditi e i corridoi, rimboccavano di persone, che,
non curando l'incomodo del calore eccessivo e della pressa, erano
paghe di rapire all'aura, se non tutti, parte almeno de' nomi, che il
mago, ci si perdonerà l'espressione, sapea trarre dal portentoso istru-
mento. Due erano i pezzi, che, giusta il programma, ei dovea suonare, ed ambidue di sua composizione: un *Capriccio di bravura* per
contrabbasso; e *Reminiscenze dell'opera* I Puritani. Furono tre invece, perocché, chiesta la replica del secondo, egli, gentilissimo sempre, in luogo di quello ci regalò il *Carnevale di Venezia*. Dopo quanto se ne disse e in questi e negli altri nostri fogli, non si potrebbe se
non ripetere l'effetto inesplicabile che produce il *Bottesini*, quando,
leggiermente curvato sul suo contrabbasso, scorre e scivola colle dita agilissime sovra le corde, e coll'arco, che in certa guisa lo domina,
lo padroneggia, ne trae suoni non più uditi, e armonie ineffabili, e
melodici concenti, che ti scendono all'anima, che ti ricreano ogni fibra, e che ti parlano, come se una voce misteriosa, celeste uscisse da
quel legno, il quale, sotto la sua mano onnipossente, ora piange lamentosa, ora tuona fremendo, ora scherzoso folleggia. Anche qui, come ne' concerti in teatro oltre la straordinaria, anzi l'unica sua bravura nell'esecuzione, ne fu ammirata la grande valentia nella composizione, che i più intelligenti trovarono facile, spontanea, ricca d'im-
maginosi concetti, e piena di quella soave espressione, senza di cui la
musica non è se non uno accozzamento di note, che suona confusa-
mente all'orecchio, ma non arriva al cuore. Anche qui come in teatro, l'insuperabile artista ebbe plausi entusiastici e ovazioni senza fi-

ne, alle quali ei rispose con quel sorriso di compiacenza, che la modestia, compagna indivisibile del genio vero, rende più bello e gradito. Eragli accompagnatore al pianoforte il distintissimo maestro *Buzzolla*, il cui già conosciuto valore non ha bisogno de' nostri encomii. Questi accompagnò pure il violinista sig. *Bertrand*, il quale, a variare il trattenimento, sonò tre pezzi; una *Fantasia*, di sua composizione; quella ben nota di *Vieuxtemps*; e l'altra di [Alexandre-Joseph] *Artot* sopra motivi di *Bellini*. Dominato da una compatibile trepidazione, giustificata dal trovarsi a fianco di un sì grande colosso, e a fronte di un uditorio, che poteva incutere un ragionevole timore a' più intrepidi e valorosi, il signor *Bertrand*, se nel primo pezzo non poté spiegare tutti i suoi mezzi, fu però più sicuro negli altri due, e specialmente nel terzo, in cui fece gustare una delicatezza d'espressione, un arpeggio facile e netto, che gli meritarono lodi replicate. Ma l'astro fulgidissimo, che tutto riempì di sua luce in quel giorno il cielo Apollineo fu il *Bottesini*, il quale, nella sera di mercoledì scorso [28], diede al Teatro Apollo, il suo ultimo concerto. Ripeté il pezzo di *Puritani*, che destò lo stesso entusiasmo, e sonò alcune graziose variazioni sopra il motivo della canzone popolare: *Vieni, la barca è pronta*, che intitolò *L'Addio a Venezia*; addio che i Veneziani gli ricambiarono con incessanti strepitosissimi, applausi. Oh! è pur vero, che alla sublimità del genio va, quasi sempre congiunta la squisita gentilezza dell'animo. Imperocché fu assai gentile il pensiero di dare a Venezia il saluto della partenza con una delle arie più favorite del gioviale e mite suo popolo, quasi dicendole: Venezia, io ti lascio, ma porto meco di te il più soave ricordo. E Venezia anch'essa te ricorderà, come uno de' figli più illustri di questa patria della musica e delle arti.[38]

Dopo una breve apparizione al teatro Malibran nella primavera del 1873,[39] Bottesini terrà la sua ultima serie di concerti a Venezia nel settembre del 1877. Giunge nella città lagunare alla fine di agosto per esibirsi in cinque concerti: tre al Malibran (2, 3, 10 settembre), quindi al teatro Goldoni (8 settembre) e nel parco del Lido (4 settembre) che verrà soppresso a causa di un violento temporale e spostato il giorno successivo al Goldoni.[40] Al solito le esibizioni erano previste fra un atto e l'altro di rappresentazioni operistiche. Il recensore formula delle obiezioni sulla scelta delle sedi, ritenendo più idonei i teatri Rossini [= teatro San Benedetto] e Goldoni, e sul fatto che si sarebbe potuto approfittare della presenza a Venezia di Bazzini e Trombini per dare vita a un concerto da camera con i tre virtuosi; quindi l'annuncio si conclude con un breve profilo del musicista:

> Giovanni Bottesini. – Trovasi a Venezia il famoso concertista di contrabbasso Giovanni Bottesini, di Crema, quello che anche colle dure e aspre corde del contrabbasso sa trovare la via del cuore. Il Bottesini si produrrà in parecchi concerti due dei quali sono annunciati per le sere di sabato e domenica prossimi al Malibran negli intermezzi dell'opera, ed uno nel corso della prossima settimana al Lido. Sarebbe stato più savio ed anche più utile consiglio, ci pare, il dare questi concerti o al Rossini o al Goldoni, e si avrebbe potuto fare qualche cosa di buono unendo al Bottesini, per esempio, il Bazzini, il Trombini, che attualmente sono a Venezia, i quali avrebbero certo con grande piacere accettato di suonare in concerto con un Bottesini. Essendo molti anni che il Bottesini non viene a Venezia, diremo, per chi non lo sapesse, essere egli non solo concertista meraviglioso di contrabbasso, ma anche valente compositore. Egli scrisse parecchie opere, tra le quali *Alì Babà*, buffa; *Il Diavolo della notte*, semiseria; *L'assedio di Firenze*: quest'ultima fu eseguita a Parigi e le altre due, crediamo, a Milano. Il Bottesini pubblicò anche molte composizioni, particolarmente per il suo strumento, e scrisse altresì dei metodi pregevolissimi, tanto per il contrabbasso in orchestra, come per il contrabbasso solista. Bottesini percorse l'Europa e l'America, destando dappertutto la più grande ammirazione, e siamo certi che anche il pubblico veneziano rimarrà sorpreso del Bottesini, il cui merito sorpassò dovunque ogni più grande aspettativa.[41]

La prima apparizione di Bottesini, inserita fra gli atti della *Sonnambula* di Bellini, prevedeva l'esecuzione della *Fantasia sui Puritani*, già eseguita nella precedente *tournée* veneziana e dell'*Elegia e Tarantella*.[42] L'affluenza del pubblico fu limitata, forse perché si era persa la memoria di tale virtuoso dall'ultima volta in cui egli aveva calcato i palcoscenici veneziani, ma fu comunque una serata memorabile e lo stesso recensore non poté trattenersi dal commentare le interpretazioni, sia sotto l'aspetto espressivo sia sotto quello più esteriore dovuto al funambolico virtuosismo ancora più trascendentale in quanto realizzato su uno strumento così ostico che nelle sue mani diviene uno «strumento nuovo, ricchissimo dei suoni più disparati, ora gemente ed ora folleggiante, ora maestosamente grave, ed ora in modo incredibile dolce, poetico e soave». Manco a dirlo, l'esibizione si concluse con il consueto *bis*: le *Variazioni sul Carnevale di Venezia*:

> Teatro Malibran. – *Primo concerto Bottesini* – Ieri negl'intermezzi della *Sonnambula* – la quale, fra parentesi, ebbe esecuzione ancora più finita del solito, perché, a motivo di alcuni giorni di riposo, la signora *Bianchi* trovavasi in tutto lo splendore de' suoi mezzi – si produsse in concerto l'illustre contrabbassista *Giovanni Bottesini*, il quale, malgrado la grande aspettativa, trasse il pubblico addirittura all'entusiasmo. –
>
> Il *Bottesini* non è concertista di solo contrabbasso, ma di tutti gli strumenti a corda, colla differenza ch'egli non ha bisogno di avere tra le mani violini, viola, violoncello o contrabbasso per cavare da ciascuno di questi istrumenti i suoni relativi, ma li cava tutti dal semplice suo contrabbasso, il quale, sotto il magistero possente di quell'arco poderoso e di quelle dita di fata, non è più soltanto lo strumento severo per eccellenza e di tanto limitate risorse, ma diventa uno strumento nuovo, ricchissimo dei suoni più disparati, ora gemente ed ora folleggiante, ora maestosamente grave, ed ora in modo incredibile dolce, poetico e soave.
>
> Nel primo pezzo: *Fantasia sopra motivi dell'opera "I Puritani"*, il *Bottesini* suonò prima sulle corde ordinarie del contrabbasso il motivo del famoso quartetto: *A te, o cara*,[43] e lo eseguì con accento sì dolce ed affascinante da strappare applausi d'interruzione; poscia ripeté lo stesso canto trasportandolo un'ottava sopra ed infiorandolo di variazioni così belle e così appropriate al carattere della musica belliniana da rivelare anche in questo l'anima sua di artista eminente.
>
> Il secondo pezzo fu 1. *Elegia*, 2. *Tarantella*. Non meno sorpreso è rimasto il pubblico e durante e dopo l'esecuzione di questo secondo pezzo, nel quale il *Bottesini* superò tali e tante difficoltà, e mostrò tale perizia straordinaria nel trattare il difficile strumento, da far rimanere estatico lo spettatore. Difatti, posato l'occhio sul *Bottesini* allorché egli si dispone a suonare, non è possibile ritrarlo più: l'occhio non può tener dietro a quei movimenti vertiginosi della mano, che scorre con la rapidità dell'elettrico sulle frementi corde. E non è certamente l'occhio soltanto che rimane immobile sul *Bottesini*: ma è anche la mente che non si occupa che di lui, ed è il cuore che si rivela commosso dall'accento toccante del grande artista.

Gli applausi alla chiusa di ogni pezzo scoppiarono sì vivi e generali, che il *Bottesini* dovette ripresentarsi sulla scena molte volte, e, alle domande di ripetizione, egli gentilmente rispose eseguendo, come nessun altro certo potrebbe fare sul contrabbasso, il *Carnevale di Venezia*, giocherellando con ogni sorta di difficoltà e sfidando a bella posta, quantunque dovess'essere stanco, i più azzardati ardimenti. Finito anche questo pezzo, il pubblico acclamò novellamente ed entusiasticamente il prodigioso ed insuperato artista.

La poca gente che accorse ieri sera al Malibran poté ben chiamarsi fortunata, perché quella di cui, a nostro avviso, fu, artisticamente parlando, la più bella serata della stagione [...]. Per questa sera è annunciata la rappresentazione di addio della *Bianchi*, sempre colla *Sonnambula* e col secondo concerto dell'illustre *Bottesini*.[44]

Identico esito ebbe il concerto del lunedì 3 settembre che prevedeva la *Fantasia sulla Lucia di Lammermoor*, mentre quello del Lido si incentrava, oltre che sul *Carnevale di Venezia*, sulla *Fantasia su temi della Sonnambula*:

Teatro Malibran. – Il secondo concerto del *Bottesini*, ebbe, come il primo, un grande successo. Nella fantasia su motivi della *Lucia*, il caparbio strumento cercò qualche volta di ribellarsi al suo signore, ma questi lo infrenò ben tosto. Il pubblico, preso di ammirazione e affascinato da quel turbinio di note e da quella sconfinata varietà di suoni che escono da quelle corde incantate, festeggiò entusiasticamente, come fece al primo concerto, il grande artista, e questi ricambiava eseguendo e sempre in modo meraviglioso il *Carnevale di Venezia*. Una parola di elogio è dovuta anche al maestro accompagnatore al pianoforte per la mirabile precisione colla quale asseconda il celebre concertista. È vero che il continuo esercizio (l'accompagnatore viaggia con il concertista) gli rende famigliare il suo compito, ma, malgrado questo, egli se ne mostra meritevole, perché l'accompagnare un concertista, e del valore del *Bottesini*, non è cosa tanto facile anche per uno che lo abbia in pratica.[45]

Un violento temporale abbattutosi al Lido e il forte vento costrinsero lo spostamento del terzo concerto di Bottesini al Goldoni il giorno successivo,[46] rendendo giustizia al recensore che, sulla «Gazzetta» veneziana del 1° settembre, aveva giudicato il parco della Favorita inadatto a ospitare tale esibizione.

Anche in questo caso il concertista riscosse l'usuale successo.[47] La quarta apparizione pubblica di Bottesini – ancora al teatro Goldoni, sabato 8 settembre – fu in realtà un'accademia alla quale parteciparono anche alcuni «artisti e dilettanti» locali [48] che, stando alle frasi della «Gazzetta» non ressero il confronto con il contrabbassista (ma forse garantirono un maggiore afflusso di pubblico):

> Teatro Goldoni. – Il *Bottesini* anche ieri (*quarto concerto*) meravigliò il pubblico, il quale, trasportato dal fascino potente dell'illustre concertista, plaudì entusiasticamente. Tutto il rimanente, coperto dal nome di *Bottesini*, venne accolto con molta benevolenza, o, per esprimerci più esattamente, con molta longanimità. Domani sera il concerto si ripete, ma naturalmente sopra altro programma, nel quale figura, tra l'altro un concerto per clarino e contrabbasso.
> Originariamente crediamo il *Bottesini* abbia scritto questo concerto per violino e contrabbasso, e sembra che di questi giorni egli abbia fatta la riduzione per clarino della parte ch'era scritta per violino. È quasi inutile dire che il professore di clarino chiamato a suonare in concerto assieme al *Bottesini*, è il sig. *Carlo Mirco*. Questa variante nel programma farà in generale buona impressione, perché finora, a dire il vero, i concerti si seguivano e si rassomigliavano assai.[49]

Come previsto, l'accademia viene replicata il giorno successivo (sabato 10 settembre) nella stessa sede e il programma variato con l'inserimento di un pezzo («concerto») per clarinetto, contrabbasso e pianoforte dello stesso Bottesini [50] – probabilmente una trascrizione del *Gran duo concertante* per violino contrabbasso e pianoforte (o orchestra), realizzata per l'occasione e della quale sono andate perdute le tracce [51] – nella cui esecuzione si farà onore il clarinettista Carlo Mirco, all'epoca componente della cappella musicale della basilica di San Marco.[52] Tuttavia, nonostante il rinnovamento del programma, l'affluenza del pubblico è scarsa e viene ancora una volta rilevata dalla «Gazzetta di Venezia» che non esita a riconfermare la grandezza del contrabbassista, specie se rapportata agli altri interpreti della serata tra i quali brilla solo il clarinettista Mirco.[53]

Ben diverso sarà invece il riscontro del pubblico nelle altre piazze venete in cui Bottesini si sarebbe esibito di lì a pochi giorni, come avvenne, ad esempio, al teatro Eretenio di Vicenza il 24 e 25 settembre – fra gli atti e in coda alla commedia *I recini da festa* di Riccardo Selvatico – dove propose la *Fantasia sui Puritani*, l'*Elegia e Tarantella* e, probabilmente, le *Variazioni sul Carnevale di Venezia* quale *bis*.[54]

Quello presentato è solo un campione, sufficientemente significativo anche se circoscritto a una sola piazza, della vasta messe di recensioni apparse su Bottesini contrabbassista; gli articoli pubblicati in testate di altre città, infatti, non si discostano troppo dai toni entusiastici veneziani. La critica tende per lo più a sottolineare la straordinaria abilità di Bottesini rapportandola sempre alla scarsa maneggevolezza dello strumento che solitamente veniva utilizzato in orchestra e relegato al ruolo di fondamento della compagine. Viene contrapposta l'agilità dell'esecutore alla goffaggine e alle dimensioni del contrabbasso e delle sue «dure e aspre corde» [55] dalle quali ottiene suoni sempre perfettamente intonati.[56] Motivo di stupore è, oltre a tutto ciò, come Bottesini riesca a piegare – o meglio: sottomettere – lo strumento al proprio volere, quasi in una strenua lotta dove il contrabbasso sembra tentare inutilmente di ribellarsi per conservare la fisionomia sonora e timbrica corrispondente a quell'identità che la tradizione gli aveva finora riconosciuto.[57] Una sorta di disperata reazione dello strumento volta a mantenere quella dignità e quella maestosità quasi pigre che gli erano proprie: «Nella fantasia su motivi della *Lucia*, il caparbio strumento cercò qualche volta di ribellarsi al suo signore, ma questi lo infrenò ben tosto» commentava il recensore della «Gazzetta di Venezia»;[58] e ancora, in una descrizione della simbiosi che si instaura fra esecutore e strumento: «l'effetto inesplicabile che produce il *Bottesini*, quando, leggiermente curvato sul suo contrabbasso, scorre e scivola colle dita agilissime sovra le corde, e coll'arco, che in certa guisa lo domina, lo padroneggia, ne trae suoni non più uditi, e armonie ineffabili, e melodici concenti, che ti scendono all'anima, che ti ricreano ogni fibra, e che ti parlano, come se una voce misteriosa, celeste uscisse da quel legno, il quale, sotto la sua mano onnipossente, ora piange lamentosa, ora tuona fremendo, ora scherzoso folleggia».[59] Strappato alla sua atavica pigrizia il contrabbasso viene sì trasformato in uno strumento d'agilità ma addirittura caricato di peculiarità timbriche e di registro proprie degli altri archi: «Ei domò il più ribelle strumento, piegò il rude e cupo suono del contrabbasso a' modi del violino soave», si legge nella «Gazzetta» veneziana nel luglio del 1858.[60] È altrettanto degna di citazione la descrizione della tavolozza timbrica del contrabbasso nelle mani di Bottesini che abbraccia la famiglia degli archi dal violino al violoncello: «Il *Bottesini* non è concertista di solo contrabbasso, ma di tutti gli strumenti a corda, colla differenza ch'egli non ha bisogno di avere tra le mani violini, viola, violoncello o contrabbasso per cavare da ciascuno di questi istrumenti i suoni relativi, ma li cava tutti dal semplice suo contrabbasso, il quale, sotto il magistero possente di quell'arco poderoso e di quelle dita di fata, non è più soltanto lo strumento severo per eccellenza e di tanto limitate risorse, ma diventa uno strumento nuovo, ricchissimo dei suoni più disparati, ora gemente ed ora folleggiante, ora maestosamente grave, ed ora in modo incredibile dolce, poetico e soave».[61] Non solo, ma – a detta di qualche recensore – lo strumento sembra assumere il calore e la lirica espressione della voce umana, addirittura di quella di un soprano o di un tenore, specie quando Bottesini interpreta proprie rivisitazioni di celebri arie del melodramma, ossia quando il legame fra suoni e parola è più stretto e dettato dalla consuetudine della frequentazione teatrale del pubblico. Il contrabbasso sembra dunque *cantare* (nel senso di *pronunciare*) i celebri versi delle arie predilette dal pubblico: «E tutto questo, il prodigioso meccanismo, è ancor nulla a paragone dell'anima, del sentimento, che informano i suoni, quasi dissi, il suo canto»[62] e, a proposito dell'interpretazione della *Fantasia su temi della Sonnambula*: «Nei canti del Bellini, pareva alla lettera, che da quelle corde uscisse la parola, e nessun baritono, né nessun soprano mai dissero più soavemente, più potentemente: *Cari luoghi io vi trovai*; *Ah! non giunge uman pensiero!* Il contrabbasso illudea, parea cantarle».[63] In queste ultime parole non è difficile rilevare le tracce di quel repertorio di preconcetti nei confronti della musica strumentale, o *musica indipendente* secondo qualche recensore, che collocavano la musica strumentale ad un livello inferiore rispetto alla lirica vocale da camera e al melodramma, di gran lunga più frequentati e amati dal pubblico ottocentesco.

La meraviglia del pubblico e dei critici è suscitata dall'agilità dell'esecutore in quanto il contrabbassista era visto nel suo ruolo orchestrale: tranquillo, quasi amorfo.[64] Una metamorfosi che coinvolge anche lo stesso aspetto fisico del contrabbassista che, ora, curvo sullo strumento attrae e incanta non solo l'udito ma anche la vista del pubblico trasformando la *performance* in una sorta di spettacolo per gli occhi e per gli orecchi,[65] diversamente da quanto avveniva per i virtuosi di violino la cui tecnica trascendentale e la postura esecutiva erano ormai consolidate nella tradizione e poco v'era da meravigliarsi dopo le acrobazie paganiniane.[66] Bottesini d'altra parte punta molto su questo aspetto, a volte esteriore ma imprescindibile, per attrarre l'attenzione e la curiosità su di uno strumento generalmente considerato infelice e inadatto al solismo. Non sono rare, a questo proposito, le allusioni al demonismo delle interpretazioni di Bottesini, anche se, a differenza di quello paganiniano, quello del contrabbassista oscilla fra il bonario e il grottesco.[67]

Alcuni brani permangono nel suo repertorio, specie nei concerti che prevedono due o tre pezzi inseriti fra gli atti di un melodramma o di una commedia: si tratta delle parafrasi o fantasie su temi d'opera che più di ogni altro pezzo riescono a incantare il pubblico, facendo perno sulle melodie più amate dal pubblico teatrale, così come la *Fantasia su temi della Sonnambula* le *Variazioni sul Carnevale di Venezia* e alcune *Elegie* divengono ben presto una costante dei suoi programmi, per lo più in qualità di *bis*.[68] Nel breve spazio a disposizione ottiene il migliore risultato puntando, comprensibilmente, anche sull'effetto. Deve dare il massimo in un breve lasso di tempo ad un pubblico spesso distratto dalla rappresentazione principale: opera, commedia o declamazione poetica. Impresa questa ancora più impervia se l'esecuzione ha luogo nell'ambito di un'opera lirica che da secoli aveva assuefatto il pubblico ai funambolismi vocali dei cantanti. Il contrabbasso si trovava di fatto a doversi spesso misurare, oltre che con quegli strumenti che ormai si erano conquistati una dignità solistica, anche con il virtuosismo canoro, in una sorte di scontro ravvicinato che aveva luogo sia nelle accademie strumentali, sia sui palchi dei teatri dove era in corso una rappresentazione melodrammatica: una lotta impari dalla quale solo il contrabbasso di Bottesini aveva la possibilità di uscirne con onore se non addirittura vincitore.

NOTE

[1] Nella primavera del 1844 Bottesini parteciperà all'esecuzione di *Nabucodonosor* ed *Ernani* di Verdi e del *Candiano IV* di Giovanni Benedetto Ferrari; nella primavera del 1845 suonerà ne *I due Foscari* di Verdi.

[2] Sull'Arpesani cfr. *Antonio Buzzolla. Una vita musicale nella Venezia romantica*, a cura di Francesco Passadore e Licia Sirch, Rovigo, Minelliana, 1994, *passim*.

[3] «Gazzetta Musicale di Milano», 17 dicembre 1843. Sovente i critici musicali paragoneranno il virtuosismo di Bottesini a quello di Paganini; si veda in merito la significativa raccolta di testimonianze estratte dalla stampa ottocentesca in ENRICO FAZIO, *Il contrabbassista e le composizioni per contrabbasso*, in *Giovanni Bottesini 1821-1889*, a cura di Gaspare Nello Vetro, Parma, Centro studi e ricerche dell'Amministrazione dell'Università degli Studi di Parma, 1989, p. 64 nota 3.

[4] Bottesini successivamente lo trascriverà per violino, contrabbasso e pianoforte intitolandolo *Gran duo concertante*.

[5] Sui temi delle canzonette rossiniane *La danza, La serenata notturna* e *I marinai* (dalle *Soirées musicales*). Su questo pezzo si leggano le osservazioni di GIOVANNI CARLI BALLOLA, *Due volti di Bottesini*, in *Giovanni Bottesini e la civiltà musicale cremasca*, Atti del convegno di studi (Crema 25 ottobre 1989), a cura di Flavio Arpini e Elena Mariani, Crema, Regione Lombardia - Amministrazione Provinciale di Cremona - Comune di Crema - Centro Culturale S. Agostino - Conservatorio di Musica "A. Boito" di Parma, Arti Grafiche Cremasche, 1991 (Quaderni del Centro Culturale S. Agostino, 10), p. 4 e di LICIA SIRCH, *La giovinezza e gli studi*, in *Giovanni Bottesini 1821-1889*, p. 34.

[6] «Martedì 4 giugno, al Teatro Gallo [= teatro San Benedetto] [...] sarà seguito, per la prima volta, un concerto a due contrabbassi dai signori *Giovanni Bottesini* e *Arpesani*: ed un ultimo saggio di declamazione drammatica, del signor *Alexandre*, de Paris», «Gazzetta Privilegiata di Venezia», 31 maggio 1844 (annuncio già pubblicato il giorno precedente).
«TEATRO GALLO S. BENEDETTO. Domani si darà, col gentile concorso dei primi e distintissimi cantanti signori Teresina Brambilla e Filippo Coletti, la già annunciata *Soirée* italiana e francese, vocale, instrumentale drammatica, data unitamente dai signori artisti suonatori *G. Bottesini* e *G. Arpesani* e del signor *Alexandre* de Paris», «Gazzetta Privilegiata di Venezia», 5 giugno 1844 (l'annuncio sarà ripetuto il giorno successivo); cfr. anche l'articolo nella «Gazzetta Musicale di Milano» del 16 giugno 1844.

[7] I due cantanti saranno spesso presenti in ruoli principali in molte rappresentazioni della Fenice, cfr. MICHELE GIRARDI - FRANCO ROSSI, *Il Teatro La Fenice. Cronologia degli spettacoli 1792-1936*, Venezia, Albrizzi, 1989.

[8] «Lunedì i celebri professori di contrabbasso Bottesini e Arpesani che tanto si distinsero nell'accademia data martedì sera in S. Benedetto, si riprodussero in un concerto nel teatro d'Apollo, insieme con la compagnia Molena», «Gazzetta Privilegiata di Venezia», 8 giugno 1844.
«Teatro Apollo. Drammatica Compagnia diretta da Gustavo Modena *Le educande di Saint-Cyr*. Indi concerto dei professori di contrabbasso Bottesini e Arpesani», «Gazzetta Privilegiata di Venezia», 10 giugno 1844.

[9] L'altro portento musicale della serata era il giovane violinista Cesare Trombini.

¹⁰ [TOMMASO LOCATELLI], *L'appendice della Gazzetta di Venezia. Prose scelte di Tommaso Locatelli*, 16 voll., Venezia, tip. della Gazzetta, 1877, IX, pp. 146-153: 149. La recensione, che commenta anche le esecuzioni degli altri interpreti, appar- ve sulla «Gazzetta Privilegiata di Venezia» del 29 maggio 1845.

¹¹ Bottesini conclude i suoi impegni napoletani con il concerto di martedì 18 mag- gio, come testimonia un umoristico addio pubblicato sul giornale napoletano «Verità e Bugie» del 22 maggio: «Bottesini martedì si licenziò dal pubblico straor- dinario di San Carlo con le reminiscenze Belliniane e col *Carnevale di Venezia*. Addio signor Bottesini, che il canto del vostro contrabbasso sia sempre così dolce, così soave, così preciso: possano le budelle del vostro violone colmare tutti i dolo- ri in corpo che fanno venire le lacerazioni di certi altri violini. Voi siete il papà de' suonatori del papà degli istromenti. Fate buon viaggio, e conservatevi nella cassa del vostro istromento gli applausi, le ovazioni, le simpatie generali e sterminate che avete conquistate co' prodigi di tre budelle di vacca e di quattro crini di cavallo», articolo ripreso in «L'Italia musicale», 5 giugno 1858.

¹² GASPARE NELLO VETRO, *Cronologia*, in *Giovanni Bottesini 1821-1889*, p. 7.

¹³ Potrebbe trattarsi dell'op. 103 edita come op. 14 n. 3 da Artaria nel 1807 (n. ed. 1879), HOB.III.83, oppure dell'op. 76 n. 3 edita, anche questa come op. 14 n. 3 da Pleyel nel 1800 (n. ed. 273), HOB.III.77, *Kaiserquartett* (HOB = ANTHONY VAN HOBOKEN, *Joseph Haydn. Tematisch-Bibliographisches Werkverzeichnis*, 3 voll., Mainz, B. Schott's Söhne, 1957, 1971, 1978).

¹⁴ Dalla recensione non si evince l'esecuzione di un quintetto per archi di Georges-André-Louis Onslow, contrariamente a quanto si legge in ENRICO FAZIO, *Bottesini, i salotti privati e le società cameristiche e orchestrali italiane nel secondo '800*, «Nuova Rivista Musicale Italiana», XIX (1985), n. 4, p. 611.

¹⁵ All'op. 31 corrisponde la prima delle due *Sinfonie concertanti* per due violini e orchestra (l'altra è l'op. 33).

¹⁶ Si tratta di Jan (Hans) Seeling. Cfr. CARLO SCHMIDL, *Dizionario Universale dei Musicisti*, Milano, Sonzogno, 1929, II, p. 492 e *La Musica. Dizionario*, Torino, UTET, 1971, II, p. 1076.

¹⁷ Trattasi del *Quintetto* per archi in Do magg. op. 29.

[18] «Gazzetta Musicale di Milano», 25 luglio 1858, corrispondenza da Venezia del 19 luglio.

[19] GASPARE NELLO VETRO, *Cronologia*, p. 7.

[20] «Il Trovatore», 30 agosto 1863, da ENRICO FAZIO, *Bottesini, i salotti privati*, p. 616 sg.

[21] «Gazzetta Musicale di Milano», 13 gennaio 1884, supplemento, corrispondenza da Napoli del 2 gennaio.

[22] «Gazzetta Musicale di Milano», 21 novembre 1858.

[23] «Gazzetta Musicale di Milano», 16 gennaio 1859.

[24] RENATO DI BENEDETTO, *Beethoven a Napoli nell'Ottocento*, «Nuova Rivista Musicale Italiana», V (1971), pp. 3-21, 201-241: 202.

[25] Si tratta dell'opéra-comique di Giacomo Meyerbeer che nei teatri italiani verrà rappresentata, quale opera semiseria, nella versione di Achille De Lauzières con il titolo di *Dinorah, ossia il pellegrinaggio a Ploermel*.

[26] «Gazzetta Musicale di Milano», 23 settembre 1877. Qualche anno dopo, sempre su questo argomento: «Qui le esecuzioni sinfoniche erano assai rare: ai tempi del Mercadante al solo Collegio ne' concerti tratto tratto si udivano le *ouvertures* e le fantasie strumentali di quel maestro, pel quale le sonorità e talvolta prepotenti e talvolta piazzose erano un diletto. Ma il Mercadante sempre, per quanto corretto, efficace, potente strumentatore talvolta, più spesso plateale, non poteva certamente aprire gran che la mente alla gioventù studiosa. I classici allora erano ignoti o rimanevano un problema per l'esecuzione. Alla lacuna pensò il Bottesini e circa vent'anni fa istituì i concerti popolari che produssero quei gran frutti che sapete.», «Gazzetta Musicale di Milano», 12 giugno 1881, corrispondenza da Napoli dell'8 giugno.

[27] Il tema è desunto dall'omonima cantata a 4 voci e pianoforte di Rossini.

[28] VINCENZO BELLINI, *La sonnambula*, I, 4: cavatina *Vi ravviso, o luoghi ameni*, Rodolfo (B) e II, 9: finale, Amina (S).

²⁹ «Gazzetta Uffiziale di Venezia», 9 luglio 1858, recensione al concerto del giovedì 8; anche in [TOMMASO LOCATELLI], *L'appendice della Gazzetta di Venezia*, XIII, ₊pp. 187-1589; articolo ripreso in «L'Italia musicale», 14 luglio 1858.

³⁰ «Gazzetta Uffiziale di Venezia», 11 luglio 1858, annuncio del concerto del lunedì 12.

³¹ «Drammatica Compagnia diretta e condotta da Ernesto Rossi. – *Tre in famiglia*. Negl'intermezzi il celebre professore di contrabbasso signor GIOVANNI BOTTESINI, darà il suo terzo concerto. Indi l'attore Ernesto Rossi declamerà la poesia di Gazzoletti intitolata: *Le ultime ore di Cristoforo Colombo* – Alle ore 9», «Gazzetta Uffiziale di Venezia», 16 luglio 1858.

³² «Gazzetta Uffiziale di Venezia», 19 luglio 1858, l'esibizione è inserita «negli intermezzi» di una commedia di Molière a cura della compagnia di Ernesto Rossi.

³³ *Ibidem.*

³⁴ «Gazzetta Uffiziale di Venezia», 31 luglio 1858, annuncio del concerto della domenica 25.

³⁵ «Drammatica Compagnia diretta e condotta da Ernesto Rossi. – I primi tre atti dell'*Amleto*: – *Il puzzo del sigaro*. – Il celebre BOTTESINI, professore di contrabbasso, darà l'ultimo definitivo concerto. – Alle ore 9», «Gazzetta Uffiziale di Venezia», 28 luglio 1858.

³⁶ Sul musicista cfr. *Antonio Buzzolla. Una vita musicale nella Venezia romantica*.

³⁷ Apparentemente una composizione sconosciuta o improvvisata; non compare né in LUIGI INZAGHI, *Catalogo delle musiche*, in *Giovanni Bottesini. Virtuoso del contrabbasso e compositore*, Milano, Nuove Edizioni, 1989, pp. 167-187 né in GASPARE NELLO VETRO, *Elenco delle composizioni e delle edizioni*, in *Giovanni Bottesini 1821-1889*, pp. 165-184; si rimanda a questi due cataloghi per ogni riferimento ad altre musiche di Bottesini citate più oltre.

³⁸ «Gazzetta Uffiziale di Venezia», 31 luglio 1858, recensione a firma «F. B-E»; articolo ripreso in «L'Italia musicale», 4 agosto 1858. Le cronache musicali testimoniano almeno un altro *Addio* musicale composto, o forse improvvisato, per accomiatarsi dal pubblico dopo una serie di accademie tenute a Bologna. Si tratta

dell'*Addio a Bologna* proposto dal virtuoso nel concerto del 28 gennaio 1861 al teatro Comunitativo a conclusione di una *tournée* bolognese (anche di questa composizione non si trova traccia nei due cataloghi citati). Cfr. «Teatri Arti e Letteratura», 4 febbraio 1861, cit. in LUIGI INZAGHI, *La vita*, in *Giovanni Bottesini. Virtuoso del contrabbasso e compositore*, pp. 21-37: 36, nota 99.

[39] «Gazzetta di Venezia», 29 aprile 1873: «Teatro Malibran. Sentiamo con piacere che per la prossima stagione d'estate fu scritturato il celebre maestro Bottesini».

[40] La programmazione di spettacoli e attività artistiche al Lido negli ultimi decenni del secolo potrebbe essere legata alla creazione del polo alberghiero-turistico che interessò tale località dalla fine del secolo agli inizi del Novecento. L'origine di tale operazione fu la proposta di edificazione di uno stabilimento balneare a Venezia, presentata dall'assessore Pier Luigi Bembo nel 1851. L'anno successivo si realizzò il progetto di un grande edificio articolato in oltre 600 metri di lunghezza e 46 di profondità, comprensivo di un nuovo teatro d'opera, giardini pensili, sale da ballo, appartamenti, ecc.: un progetto di enorme complessità urbanistica da costruirsi lungo la riva degli Schiavoni (dalla chiesa della Pietà a via Garibaldi, fino all'odierno monumento a Vittorio Emanuele II) con l'interramento di una parte rilevante del bacino San Marco. Per una serie di motivazioni di natura urbanistica, militare ed economica, il progetto venne però trasferito al Lido, all'epoca scarsamente abitato, dove si edificarono strutture alberghiere e balneari, tra cui i grandi alberghi Excelsior e De Ben, dirottando così sul Lido quegli interessi imprenditoriali che da tempo erano alla ricerca di uno sfogo nella città lagunare; cfr. GIANDOMENICO ROMANELLI, *Venezia Ottocento. L'architettura, l'urbanistica*, Venezia, Albrizzi, 1988, pp. 324-362: 328-329; FRANCO ROSSI, *Arte e società nell'Ottocento veneziano*, in *Antonio Buzzolla. Una vita musicale nella Venezia romantica*, pp. 68-69.

[41] «Gazzetta di Venezia», 1 settembre 1877 nella rubrica *Notizie cittadine*.

[42] «Gazzetta di Venezia», 2 settembre 1877, rubrica *Notizie cittadine*: «Teatro Malibran. – Questa sera negli intermezzi della *Sonnambula*, il Bottesini darà il suo primo concerto. L'illustre concertista di contrabbasso suonerà prima una *Fantasia* di sua composizione sopra motivi dell'opera *I Puritani* di Bellini, e poscia un'altra sua composizione divisa in due parti: 1. *Elegia*, 2. *Tarantella*. Il teatro questa sera riboccherà di gente e la serata assumerà le proporzioni di una vera festa artistica. – Sentiamo che lunedì parte la sig. Bianchi. Non havvi adunque più speranza di riudirla nella *Sonnambula*».

[43] VINCENZO BELLINI, *I Puritani*, I, 5: coro e quartetto, Arturo (T).

[44] «Gazzetta di Venezia», 3 settembre 1877, rubrica *Notizie cittadine*.

[45] «Gazzetta di Venezia», 4 settembre 1877. La recensione prosegue con l'annuncio del concerto che si sarebbe dovuto tenere nella stessa sera del 4 al Lido: «Al Lido. – [...] Chissà che questa sera, se il tempo sarà favorevole, accorra molta gente sulla *Favorita*, dove si produrrà in concerto l'illustre *Bottesini* suonando una *fantasia* sui motivi dell'opera *La Sonnambula* e il *Carnevale di Venezia*. Per questa sera il biglietto cumulativo traghetto di andata e ritorno ed ingresso al Parco è fissato L. 2.; quello di solo ingresso L. 1:50», *Ibidem*.

[46] «Gazzetta di Venezia», 5 e 6 settembre 1877 (soppressione del concerto per temporale al Lido).

[47] «È inutile aggiungere che il *Bottesini* suonò anche ieri (*terzo concerto*) da artista di fama mondiale», «Gazzetta di Venezia», 6 settembre 1877.

[48] «Teatro Goldoni. – Per questa sera è annunciato il *Quarto concerto Bottesini* col concorso di artisti e dilettanti della nostra città. Riteniamo che il teatro sarà affollato», «Gazzetta di Venezia», 8 settembre 1877.

[49] «Gazzetta di Venezia», 9 settembre 1877. Neppure la «Gazzetta musicale» milanese lesinerà critiche allo *staff* organizzativo della *tournée* veneziana di Bottesini che, seppure con qualche imprecisione, ne sottolinea i guasti: «Il Bottesini diede a Venezia 5 concerti (due al teatro Malibran negli intermezzi dell'opera [*La sonnambula*], uno al Lido nel salone del Parco *La Favorita* e due al teatro Goldoni assieme ad un'accozzaglia di dilettanti degni di compassione), e tutti con grande successo artistico, ma con magro successo economico. Questo avvenne perché i concerti, a Venezia e dappertutto, vogliono essere preparati giudiziosamente. E non fu l'ultima causa del poco concorso ai concerti del grande artista la povertà del repertorio; vi basti riflettere che tutti e 5 concerti si aggiravano su 6 pezzi soltanto! È troppo poco invero. È inutile che io spenda parole in lode di Bottesini: questi non è un suonatore di contrabbasso, ma una vera meraviglia; ecco tutto. Gli spettacoli di opera, ballo fuochi artificiali, ecc., ecc., nel Parco *La Favorita* al Lido sono finiti e nessuno, per verità li rimpiange particolarmente per i continui cambiamenti [che] senza avvisare il pubblico e quasi prendendolo a gabbo, venivano pressoché tutte le sere introdotti nel programma [...]. P.F.», «Gazzetta Musicale di Milano», 23 settembre 1877, corrispondenza da Venezia del 13 settembre.

[50] «Gazzetta di Venezia», 9 settembre 1877.

[51] Stando alle attuali conoscenze sulla produzione strumentale di Bottesini, il *Gran duo concertante* è l'unica composizione che prevede l'accostamento del violino al contrabbasso. Nell'eventualità che l'informazione fornita dal recensore sulla trascrizione sia priva di fondamento, potrebbe invece trattarsi del *Duetto* per clarinetto, contrabbasso e pianoforte; cfr. LUIGI INZAGHI, *Catalogo delle musiche*, p. 175 (Bot. 94) e GASPARE NELLO VETRO, *Elenco delle composizioni e delle edizioni*, pp. 176-177. Meno probabile, invece, la possibilità di una trascrizione del *Duetto* in Si bemolle per clarinetto, cornetta e orchestra (LUIGI INZAGHI, *Catalogo delle musiche*, p. 172, al numero Bot. 33).

[52] FRANCESCO PASSADORE - FRANCO ROSSI, *San Marco: vitalità di una tradizione. Il fondo musicale e la Cappella dal Settecento ad oggi*, 4 voll., Venezia, Edizioni Fondazione Levi, 1994-96, I, pp. 140, 528.

[53] «Teatro Goldoni. – Poca gente al *quinto concerto* del *Bottesini*. Molti applausi a questo e anche al prof. Carlo Mirco nel concerto venne ripetuto l'allegro. Su tutto il rimanente non vale in verità la pena di spender parole», «Gazzetta di Venezia», 11 settembre 1877.

[54] Annuncio del concerto all'Eretenio del lunedì 24 settembre nella *Cronaca interna* del «Giornale della Provincia di Vicenza», 20 settembre 1877.
Annuncio per lunedì 24 relativo alla rappresentazione della Compagnia Veneziana diretta da Morolin *I recini da festa* in due atti di Riccardo Selvatico; si allude alla «fama del Bottesini» e si rende noto il programma del virtuoso: la *Fantasia sui Puritani* fra il primo e il secondo atto e l'*Elegia e Tarantella* di Bottesini fra la fine della rappresentazione e la farsa che avrebbe concluso lo spettacolo, «Giornale della Provincia di Vicenza», 23 settembre 1877.
Annuncio della replica del concerto prevista per il 25, «Giornale della Provincia di Vicenza», 25 settembre 1877.
«Iersera l'Eretenio era pienissimo. Il Bottesini non fu minore della sua fama ormai europea. I tre pezzi [il terzo pezzo potrebbe essere il consueto *bis*: le *Variazioni sul Carnevale di Venezia*] da lui suonati con arte sovrana gli fruttarono un'ovazione trionfale. Ogni pezzo destò un vero tumulto di acclamazioni», «Giornale della Provincia di Vicenza», 26 settembre 1877.
«1877 24 settembre 1 recita. Commedia e Concerto I Recini da festa Ricardo Selvatico con farsa Fantasia sui Puritani. Elegia e Tarantella – Bottesini – Bottesini Commendatore. Il Bottesini sempre celebre contrabbassista si fece udire nella

Fantasia dei Puritani in una Elegia e una Tarantella da lui composte. Il pubblico accorse numerosissimo», *Giornale cronologico degli Spettacoli eseguiti nel Teatro Eretenio* (ms.), Biblioteca Bertoliana di Vicenza, TE.19 [titolo proprio: *Registro Cronologico del teatro Eretenio*], p. 24.

[55] «Gazzetta di Venezia», 1 settembre 1877.

[56] «Dal S. Carlo al Sannazzaro, dal Politeama al Fondo il Bottesini dominò vittoriosamente pubblico ed artisti, tutti gridanti unanimi non aver niente udito di più grande... si sarebbe detto esser quello un generale d'armata slanciantesi, con la spada in mano, al gran galoppo del suo cavallo, alla testa delle schiere che trascina a sé d'appresso. Prima di finire col Bottesini, ho l'obbligo di dire che nel duetto per contrabasso e violino udimmo un suono argentino, d'una intonazione irreprensibile e d'una purezza maravigliosa che il Pinto Salvadore sa così ben cavare dal suo strumento», «Gazzetta Musicale di Milano», 23 settembre 1877, corrispondenza da Napoli del 10 settembre.

[57] «Concertista sommo, lo si disse il Paganini del contrabbasso. Sotto il suo archetto il contrabbasso gemeva, sospirava, tubava, cantava, fremeva, ruggiva, un'orchestra completa con impeti terribili e con sfumature dolcissime», GIUSEPPE DEPANIS, *I Concerti Popolari ed il Teatro Regio di Torino, 1879-1886*, Torino, 1915, II, p. 18 (riportato in PIERO SANTI, *Bottesini e Verdi*, in *Giovanni Bottesini e la civiltà musicale cremasca*, p. 7).

[58] «Gazzetta di Venezia», 4 settembre 1877.

[59] «Gazzetta Uffiziale di Venezia», 31 luglio 1858. Antonio Ghislanzoni descrive in poche righe un concerto di Bottesini e l'effetto del suo virtuosismo sul pubblico: «Quando il Bottesini vi compare dinanzi col suo colossale istromento, voi sentite la presenza del genio che si accinge ad operare meraviglie. Ma appena egli tocca le corde per cavarne le dolci cantilene della *Sonnambula* e dei *Puritani*, cessa in voi la sorpresa dell'incredibile, per dar luogo all'estasi della voluttà. I suoni, che il Bottesini estrae dal contrabbasso, toccano tutte le gradazioni del violoncello e del violino, ma pure hanno timbro più omogeneo, diremmo, più umano. E mentre il cuore è tocco profondamente, l'occhio a mala pena può tener dietro al rapido meccanismo della mano fatata che opera un prodigio colla spensieratezza e l'agilità di un fanciullo il quale scherzi con un balocco. A ragione da due o tre anni il Bottesini a Londra e a Parigi è il *lion* dei concerti; a ragione l'Europa lo chiamò il Paganini

dei contrabassi; perocché egli pure al pari del celebre violinista nell'arte abbia oltrepassati i confini del possibile», «L'Italia musicale», 2 ottobre 1858.

[60] «Gazzetta Uffiziale di Venezia», 9 luglio 1858. Locatelli già 13 anni prima aveva scelto l'aggettivo «ribelle» per il contrabbasso di Bottesini («Gazzetta Privilegiata di Venezia», 29 maggio 1845 e L'appendice della Gazzetta di Venezia, IX, p. 149).

[61] «Gazzetta di Venezia», 3 settembre 1877.

[62] «Gazzetta Uffiziale di Venezia», 9 luglio 1858.

[63] Ibidem.

[64] Ferdinando Taglioni, in occasione di un concerto tenuto a Napoli nella sala di Monteoliveto, lo definisce «principe de' Contrabassisti, domatore del contrabasso» e sottolinea che Bottesini era riuscito a «piegare a tutte le raffinatezze dell'arte a tutti gli sforzi e difficoltà cui potrebbe prestarsi un violino» proprio quello strumento che si è soliti «sentir brontolare in orchestra con suoni lenti e gravi», «Gazzetta Musicale di Napoli», 14 aprile 1858. Anche Antonio Ghislanzoni definisce il virtuoso «celebre domatore del contrabasso», «L'Italia musicale», 1 febbraio 1859.

[65] «Difatti, posato l'occhio sul Bottesini allorché egli si dispone a suonare, non è possibile ritrarlo più: l'occhio non può tener dietro a quei movimenti vertiginosi della mano, che scorre con la rapidità dell'elettrico sulle frementi corde», «Gazzetta di Venezia», 3 settembre 1877.

[66] Si legge l'articolo dai toni umoristici Bottesini e il contrabasso apparso nella «Gazzetta Musicale di Napoli» del 21 ottobre 1858, riportato anche in ROSA CAFIERO, Giovanni Bottesini e Napoli: un problema di «scuola», in Giovanni Bottesini: tradizione e innovazione nell'Ottocento musicale italiano, Atti della tavola rotonda (Crema 9 ottobre 1992), a cura di Flavio Arpini e Elena Mariani, Crema, Regione Lombardia - Amministrazione Provinciale di Cremona - Comune di Crema - Centro Culturale S. Agostino - Conservatorio di Musica "A. Boito" di Parma, Tipolito Uggé, 1993 (Quaderni del Centro Culturale S. Agostino, 14), pp. 88-89.

[67] Cfr. ENRICO FAZIO, Il contrabbassista, p. 55 sg.

⁶⁸ Secondo Inzaghi (*Il contrabbasso*, in *Giovanni Bottesini. Virtuoso del contrabbasso e compositore*, pp. 38-41: 38-39), il giovane Bottesini avrebbe preferito proporre al pubblico composizioni di carattere trascendentale come la *Fantasia su temi della Sonnambula*, le *Variazioni sul Carnevale di Venezia*, ecc.), mentre nella maturità si sarebbe cimentato più frequentemente in *Elegie* e *Rêveries*, più vicine alla sensibilità del pubblico di fine Ottocento.

Rosa Cafiero
INTORNO A *ERO E LEANDRO*: NOTE SU *CEDAR* E SU UNA STAGIONE NAPOLETANA DEL 1880

In memoria di mio padre,
napoletano d'altri tempi

La presenza di Giovanni Bottesini a Napoli nella duplice veste di concertista virtuoso e di compositore è attestata, più o meno saltuariamente, fra il 1858 e il 1888:[1] attivamente presente nelle sale da concerto di circoli privati e di istituzioni pubbliche, sulle scene del Teatro di San Carlo, ispiratore della Società del Quartetto (settembre 1862), membro di accademie (in particolare di quella di Musica Periodica, istituita nel 1863), Bottesini concepisce a Napoli alcune composizioni sinfoniche e operistiche.

Nella stagione napoletana che coincide con l'allestimento sancarliano di *Ero e Leandro*[2] s'innestano la concezione dell'«opera fantastica» *Cedar*,[3] scritta fra il 21 luglio e il 2 ottobre 1880 e mai rappresentata e de *La regina del Nepal*,[4] su libretto di B. Tommasi, che andrà in scena al Teatro Regio di Torino il 26 dicembre seguente.

Ero e Leandro, su libretto di Arrigo Boito, anch'essa nata per le scene del Teatro Regio di Torino, viene rappresentata al San Carlo[5] l'8 aprile 1880:[6]

La prima rappresentazione dell'*Ero e Leandro* di Bottesini al teatro **S. Carlo**, ebbe ieri sera un buon successo. Fu applaudita la sinfonia, suonata magistralmente dall'orchestra con a capo il maestro cav. Scalisi. La romanza del tenore, detta benissimo dal Capponi, fruttò a lui molti applausi; al bel duetto fra Mirabella e la Scalisi, una chiamata al maestro Bottesini; dopo l'aria della *conchiglia*, che la Scalisi cantò a meraviglia, applausi a lei ed una chiamata al maestro; nel duettino d'amore Capponi e Scalisi, che ha una frase molto originale al principio, nuovi applausi ed una chiamata al maestro. Al finale una chiamata ai tre cantanti ed al maestro. Il secondo atto, tutto di danze e cerimonie sacre, passò inosservato; anche le danze non furono molto bene eseguite. Al terzo, allo *Splendi, orma facella*, pezzo pieno di effetto, una chiamata al maestro ed alla Rubini; una chiamata dopo l'ultimo duetto Rubini e Capponi; al finale una chiamata ai tre cantanti ed al maestro. Ottima l'esecuzione. La signora Rubini-Scalisi ha cantato con molta finezza, con aria squisita tutti i suoi pezzi; il Capponi, artista coscienzioso, ha cantato con fuoco, con vigore, ha ritrovato i suoi belli effetti; benissimo il basso Mirabella, un ottimo Ariofarne. Domani sera, seconda rappresentazione.[7]

Negli stessi giorni dell'allestimento sancarliano i teatri napoletani propongono *Napoli di carnovale* di Nicola De Giosa [8] (Teatro Bellini) e lo *Jone* di Petrella (Teatro Mercadante); al San Carlino trionfa una commedia-*vaudeville*, *No pesce d'aprile piscato a lo polo antartico de Casamicciola* di Antonio De Lerma di Castelmezzano, messa in musica da Alfonso Buonomo, Nicola De Giosa, Nicola D'Arienzo, Delfico, dell'Orefice, Miceli, Lauro Rossi, Michele Ruta, Enrico Sarria e Sebastiani. I toni della recensione sono encomiastici, come accade di consueto per ribadire *topoi* musicali ed espressivi legati alla tradizione dell'opera comica in napoletano:

Ierisera il teatro **S. Carlino** sembrava ritornato ai suoi bei tempi: un pubblico eletto nei palchi e nella platea: il teatro pienissimo. Il miracolo era stato compiuto dal mago Antonio De Lerma dei Castelmezzano con la sua commedia–*vaudeville* No pesce d'aprile. È una commedia molto briosa, piena di spirito, uno spirito *primesautier*, di buona lega, che fa divertire senza fine; la parodia è onesta, non eccede, sfiora e non ferisce – ed il pubblico se ne compiace. L'autore ha avuto moltissime chiamate al proscenio. Tutti i pezzi di musica sono stati molto applauditi, ma piacquero specialmente il *coro dei monelli* del maestro D'Arienzo che quei diavoletti dovettero *bissare*, tanto lo han bene eseguito; la barcarola del maestro comm. Lauro Rossi e un bellissimo duetto di *appicceco* fra due donne, un duetto caratteristico del nostro comm. De Giosa; dopo questo, gli applausi insistenti evocarono la simpatica figura del maestro da un palco di prima fila; si chiede il *bis*, lo si ottiene, il maestro è costretto a presentarsi sul palcoscenico dove ha tre chiamate. Buona la esecuzione, accurata da parte di tutti. La Del Giudice, la Bonfigli, la Guarino, la Nunziata recitarono e cantarono bene; bene egualmente il Nunziata, Del Giudice, Mastriani, Guarino. Buono lo scenario, massime quello dei ghiacci polari e la sala *Vega*. Uno spettacolo riuscito, una sala elettrizzata – e una serie di *piene* in prospettiva.[9]

La descrizione dei pezzi-cardine dell'azione è sintetica, ma rimanda ad un mondo di convenzioni drammaturgico-musicali evidentemente molto apprezzate dal pubblico napoletano: la ricerca dell'effetto tipico, popolare, farsesco e di un certo colore locale rivela in filigrana un'attenzione proprio alle tipologie dell'opera comica che in quegli stessi anni Nicola D'Arienzo [10] andava investigando, insieme alla riscoperta dei maestri delle scuole settecentesche.[11]

Se, dunque, la «barcarola» di Lauro Rossi per la commedia-*vaudeville* viene lodata dal recensore del giornale ufficiale (evidentemente più come pezzo di colore locale che come lirica vera e propria), l'aria della Conchiglia di *Ero e Leandro* viene etichettata da Michele Carlo Caputo come «volgarissima romanza da camera», mentre il giornale ufficiale si era limitato a segnalare la qualità dell'esecuzione:

> Non posso lasciar Napoli senza adempiere al doloroso compito di render conto dell'*Ero e Leandro*, tragedia lirica in 3 atti di Tobia Gorrio (Arrigo Boito), musica di Giovanni Bottesini, rappresentata al nostro S. Carlo giovedì 8 corrente.
>
> Dopo il gran successo ottenuto da quel lavoro la prima volta che fu rappresentato a Torino, e del quale ho l'anno scorso informato i lettori della *Rivista*, il telegrafo ci disse che in America quel successo si era confermato. Senonchè a Roma, ove l'*Ero e Leandro* fu rappresentata tre mesi or sono, gli entusiasmi sbollirono, e cominciò a comprendersi la verità vera.
>
> Qui a Napoli, dove l'impresa l'ha messa in iscena più ad istigazione altrui che propria, e datala senza contarci affatto ma unicamente per tenere tutte le promesse fatte dal cartellone in ordine al numero delle opere e delle recite da dare, qui, tenuto conto del rispetto che tutti hanno pel celebre contrabbassista, *Ero e Leandro* segna meno che un successo di stima – è un insuccesso bello e buono.
>
> Libretto splendido come lavoro letterario, nullo come lavoro scenico, salvo la scena tra *Ero e Leandro* al terzo atto nel momento della tempesta, in cui la potenza drammatica scoppia in tutta la sua forza. Musica incolore, sbiadita, stentata, che scende talvolta sino alla romanza volgarissima da camera, come nell'*Aria della Conchiglia*, e vaneggia sempre salmodiando senza pensiero, senza disegno, senza scopo. I versi più belli del Boito, e ce n'ha dovizia nel libretto, e sono melodia ispirata per sè stessi, non hanno avuto la virtù di scuotere la fantasia del Bottesini, e dettargli dentro un'ispirazione sola,

chiara, che attesti il compositore. Lo strumentale monotono, senza
carattere, neppur nelle danze del secondo atto dove pur ci sarebbe stato da cavar qualche cosa, specie dopo l'Africana, dopo l'Aida, dopo
il Guarany.
Ecco che cosa è l'Ero e Leandro che, ad onta degli sforzi erculei della Rubini-Scalisi, del Capponi, del Mirabelli, i quali han cavato de'
bravo per sé e ne han rimandato una parte al maestro, ha chiuso poco gloriosamente la già poco gloriosa stagione del S. Carlo.[12]

L'allestimento napoletano di *Ero e Leandro* deve fare dunque i conti con
le reazioni degli affezionati delle produzioni degli operisti napoletani, fra i quali Nicola De Giosa, Nicola D'Arienzo e Michele Carlo Caputo, che firma una
pungente pagina sulla «Rivista Nuova di Scienze, Lettere ed Arti» diretta da
Carlo Del Balzo.
Bottesini, tuttavia, legge fra le righe una dichiarata partigianeria sciovini-
sta e in questi termini dà conto dell'avvenimento in una lettera a Tornaghi:

L'insuccesso al quale tu accenni non è stato che negli articoli di gior-
nali stipendiati dai De Giosa, Dell'Orefice, Serrao, e questi parlano
colla penna di Caputo corrispondente dell'*Opinione* di cui è direttore
il "vostro" D'Arcais che almeno come vostro stipendiato dovreste
aver forza d'imporgli di non far il ciarlatano per conto di coloro che
non mi vogliono al Collegio di S. Pietro a Majella.[13]

Se l'accoglienza rivolta a Bottesini compositore è fredda e critica, ben diversa è quella rivolta a Bottesini concertista: il 9 maggio 1880 Bottesini si esibisce al San Carlo, dove esegue un «tema e variazioni» con orchestra (diretta
da Scalisi) mentre Beniamino Cesi che interpreta nella stessa serata il *Concerto
per pianoforte e orchestra* di P. I. Čiajkovskji.[14]
Il musicista cremasco, a sua volta, non fa mistero della propria avversione
nei confronti degli ambienti musicali napoletani da cui si sente ostracizzato e
delle posizioni sciovinistiche e conservative di certi suoi rappresentanti, fra i quali in primo luogo Nicola De Giosa,[15] la cui pelle Bottesini vedrebbe ben volen-
tieri pendere dal grande albero del Consiglio in una didascalia della prima scena di *Cedar*:[16]

L'interno di una foresta. Castagni immensi, burroni incolti. Qua e là
grossi tronchi d'Alberi spezzati dai fulmini. A destra l'ingresso ad un
antro coverto di fogliami e di palme. A sinistra il grande albero del

Consiglio, da cui rami pendono diverse pelli d'animali (*comprese quelle di De Giosa* [17]) da formarne come un padiglione. Si vedono in lontananza la sommità del Sannyr.

Le simpatie di Bottesini per gli ambienti musicali napoletani traspaiono anche nelle parole del basso don Geronimo, personaggio dell'opera comica *Babele*:[18]

> Perché vuol non sianvi in terra
> musiche più pregiate
> di quelle sdolcinate
> rancide cantilene,
> di Pergolesi e simili
> che fan nelle mie vene
> il sangue addormentar.

La concezione di *Cedar*,[19] dunque, matura fra gli allestimenti di *Ero e Leandro* e la prima torinese de *La regina del Nepal*, accolta dalla critica con deboli entusiasmi.[20]

Il soggetto di *Cedar* [21] (l'eroe eponimo è un angelo disceso sulla Terra in sembianze umane perché invaghito di Daidha, che conquisterà anche il perfido Nemphed, re di Babele, e il suo avversario Asrafiel) è immaginifico, condito di spunti magici («Potenza incomprensibile», affermerà sorpreso Phayr dopo che Cedar ha rotto i legami che i selvaggi gli hanno appena legato al collo), esoterici, a tratti misticheggianti (singolare è la figura di Adonai, l'anacoreta, possessore del libro d'oro, chiara metafora di saggezza, trascendenza e libertà, che muore per mano dei Titani inviati dal perfido Nemphed, re di Babele, a sua volta destinato a perire tra le fiamme della città perduta). L'amore fra Cedar e Daidha, contrastato da Nemphed e dalla schiava Lakmì, che a sua volta si innamora di Cedar, ha un epilogo tragico: Daidha impazzisce per il dolore (mal consigliata dall'infida Lakmì ha creduto morto l'amato), Lakmì viene uccisa sulla scena da Cedar, la cui pena eterna (sancita dall'«ira del Cielo») consisterà nello sprofondare nell'abisso non senza commento di chiara connotazione infernale del coro in quinari sdruccioli:

> Caduto spirito
> Il tuo peccato
> Sconta con lagrime
> D'eterno duol.

Questa l'articolazione delle scene:

Prologo   Sc. I: Daidha addormentata, Angioli, Pastori
Sc. II: Daidha addormentata, Cedar
Sc. III: Djezyd con sei cacciatori di uomini, Cedar, Daidha
Sc. IV: Cedar, Daidha

Atto primo. Parte prima:
La foresta dei Phayr   Phayr, Cedar, Daidha, coro

Atto primo. Parte seconda:
L'Anacoreta   Sc. I: Adonai solo
Sc. II: Daidha, Cedar, Adonai
Sc. III: Cedar, Daidha, Adonai, Titani

Atto secondo: Babele Sc. I: schiave, confidenti, ministri, cortigiani, Asrafiel, congiurati, Nemphed, Lakmì, poi Titani, Cedar, Daidha
Sc. II: Nemphed, Lakmì
Sc. III: Lakmì
Sc. IV: Lakmì, Asrafiel, coro di cospiratori

Atto terzo:
La torre degli schiavi Sc. I: Cedar, schiavi (coro fuori scena)
Sc. II: Lakmì e Cedar
Sc. III: Daidha sola
Sc. IV: Daidha, Lakmì
Sc. V: Daidha, Lakmì, Nemphed, Asrafiel, coro

Epilogo. L'abisso.   Cedar solo, poi Lakmì, infine Daidha

La lotta fra bene e male (suggellata dalla vittoria di quest'ultimo) informa di sé l'intera vicenda, il cui tessuto si dipana attraverso una giustapposizione di *tableaux* (fra i quali di particolare interesse è la grande scena corale con danze in apertura del secondo atto, ambientata a Babele nella reggia di Nemphed, nella quale viene ordita la congiura di Asrafiel e dei suoi uomini contro il perfido tiranno e che si conclude con il quintetto Daidha, Lakmì, Cedar, Nemphed, Asrafiel con doppio coro di congiurati e di schiave) piuttosto che attraverso un'evoluzione narrativa. Il bene e il male si incarnano di volta in volta in figure terrifiche (i cacciatori di uomini ai quali il bene-Cedar riesce a sottrarre Daidha, il maligno per antonomasia Nemphed, che si è circondato di emissari altrettanto malvagi – fra i quali i Titani – e che è comunque destinato a soccombere al Male supremo). Da un'ideale ambientazione angelicale, nel prologo, si giunge alla perdizione dell'abisso, passando attraverso le età dell'uomo, la foresta dei Phayr, l'anacoreta, Babele e la sua distruzione: l'angelo caduto sulla Terra è destinato a soccombere, simbolo di un'umanità che nemmeno attraverso l'amore, vero *fil rouge* dell'azione, può essere sottratta al suo ineluttabile destino.

NOTE

[1] Cfr. GASPARE NELLO VETRO, *Cronologia*, in *Giovanni Bottesini 1821-1889*, a cura di Gaspare Nello Vetro, Parma, Centro studi e ricerche dell'Amministrazione dell'Università degli Studi di Parma, 1989, pp. 1-25 e ROSA CAFIERO, *Giovanni Bottesini e Napoli: un problema di «scuola»*, in *Giovanni Bottesini: tradizione e innovazione nell'Ottocento musicale italiano*. Atti della tavola rotonda (Crema 9 ottobre 1992), a cura di Flavio Arpini e Elena Mariani, Crema, Regione Lombardia - Amministrazione Provinciale di Cremona - Comune di Crema - Centro Culturale S.Agostino - Conservatorio di Musica "A. Boito" di Parma, Tipolito Uggé, 1993 (Quaderni del Centro Culturale S. Agostino, 14), pp. 77-108.

[2] Per una disamina generale della produzione operistica di Bottesini rimandiamo a PIERO MIOLI, *Sul teatro bottesiniano: un passo verso il decadentismo*, in *Giovanni Bottesini 1821-1889*, pp. 81-89.

[3] La partitura autografa di *Cedar*, da cui è stato desunto il libretto che qui viene pubblicato in appendice, è custodita nella Biblioteca del Conservatorio di musica "A. Boito" di Parma (collocazione Ψ.II.6-8); la partitura consta di tre volumi, rispettivamente di carte 160 (più due non pentagrammate di cui soltanto l'ultima è numerata a parte con numeri romani), 83 (più due non pentagrammate) e 124 (più due non pentagrammate). Cfr. ALBERTO PIRONTI, *s.v. Bottesini, Giovanni*, in *Dizionario Biografico degli Italiani*, XIII, Roma, Istituto della Enciclopedia Italiana, 1971, pp. 441-442, RODNEY SLATFORD, *s.v. Bottesini, Giovanni*, in *The New Grove Dictionary of Music and Musicians*, ed. by Stanley Sadie, III, London, Macmillan, 1980, pp. 91-93, GASPARE NELLO VETRO, *Elenco delle composizioni e delle edizio-*

ni, in *Giovanni Bottesini 1821-1889*, pp. 165-184: 167, Rodney Slatford, *s.v.* Bottesini, Giovanni, in *The New Grove Dictionary of Opera*, ed. by Stanley Sadie, I, London, Macmillan, 1992, p. 568.

⁴ La partitura autografa dell'*ouverture*, composta fra il 22 e il 23 giugno, è custodita presso la Biblioteca del Conservatorio di musica "A. Boito" di Parma, segnatura, CB.II.2.

⁵ «Giornale di Napoli. Politico-Letterario-Commerciale», XXI, n. 98, giovedì, 8 aprile 1880: si annuncia la prova generale di *Ero e Leandro*, avvenuta il 7 aprile; dell'opera si dice che «al *Regio* di Torino e all'*Apollo* di Roma ha ottenuto un successo incontestato».

⁶ A giudicare dagli avvisi teatrali del «Giornale di Napoli. Politico-Letterario-Commerciale» *Ero e Leandro* avrebbe avuto cinque rappresentazioni (8, 10, 11, 13 e 15 aprile), confermate in *Il Teatro di San Carlo. La cronologia 1737-1987*, a cura di Carlo Marinelli Roscioni, Napoli, Guida, 1987, pp. 398-399; oltre a *Ero e Leandro* la stagione sancarliana 1879-80 prevedeva i seguenti allestimenti: *La stella del Nord* (G. Meyerbeer), *L'Ebrea* (F. Halévy), *Il Trovatore* (G. Verdi), *Saffo* (G. Pacini), *Lucia di Lammermoor* (G. Donizetti), *Dinorah* (G. Meyerbeer), *La forza del destino* (G. Verdi) e i due balli *Sieba* (cor. L. Manzotti, musica di R. Marenco) e *La stella di Granata* (cor. G. Rota, musica di C. Dall'Argine).

⁷ «Giornale di Napoli. Politico-Letterario-Commerciale», XXI, n. 99, venerdì, 9 aprile 1880: *Spiccioli di teatro*.

⁸ La prima di *Napoli di carnovale*, su libretto di Marco D'Arienzo, era stata allestita sulle scene del Teatro Bellini il 28 gennaio 1880, mentre al San Carlo andava in scena la *Saffo* di Pacini; cfr. Franco Carmelo Greco, *Immagini della città sulla scena musicale napoletana dell'Ottocento*, in *Gli affetti convenienti all'idee*, a cura di Maria Caraci Vela, Rosa Cafiero, Angela Romagnoli, Napoli, Edizioni Scientifiche Italiane 1993, pp. 315-381.

⁹ «Giornale di Napoli. Politico-Letterario-Commerciale», XXI, n. 107, sabato, 17 aprile 1880.

¹⁰ Nicola D'Arienzo, *Origini dell'Opera comica (Delle origini della musica moderna)*, «Rivista Musicale Italiana», II (1895), pp. 597-628, IV (1897), pp. 421-459, VI (1899), pp. 473-495, VII (1900), pp. 1-33.

[11] Nicola D'Arienzo è autore di una silloge di partimenti di Giacomo Tritto, Francesco Durante, Nicola Sala, Leonardo Leo, Stanislao Mattei e Carlo Cotumacci che testimonia la sopravvivenza del repertorio nell'insegnamento dell'armonia al Collegio di musica.

[12] «Rivista Nuova di Scienze, Lettere ed Arti», II (1880), fasc. 8, pp. 247-248.

[13] GASPARE NELLO VETRO, Cronologia, in Giovanni Bottesini 1821-1889, pp. 1-25: 19.

[14] Il concerto è annunciato sul «Giornale di Napoli. Politico-Letterario-Commerciale», XXI, n. 129, domenica, 9 maggio 1880; un sintetico ma efficace trafiletto commenta il concerto («Giornale di Napoli. Politico-Letterario-Commerciale», XXI, n. 130, lunedì, 10 maggio 1880: «Bottesini ebbe una vera ovazione e tre chiamate al proscenio»).

[15] Ricordiamo che Bottesini si era imbattuto in Nicola De Giosa anche nell'ambito dell'Accademia di Musica Periodica (istituita nel 1863), della quale era stato nominato «presidente del consiglio di direzione» coadiuvato dallo stesso De Giosa, da Giovanni Moretti, da Pasquale Mugnone, da Aniello Barbati, da Vincenzo Battista, da Achille Pistilli. Cfr. ROSA CAFIERO, Giovanni Bottesini e Napoli, p. 80.

[16] Ricordiamo che in una lettera del 22 aprile 1881 Bottesini aveva proposto a Giulio Ricordi la vendita dei diritti della Regina del Nepal e di Cedar, ma che la trattativa non ebbe alcun seguito (cfr. GASPARE NELLO VETRO, Cronologia, p. 20).

[17] Il corsivo è nostro.

[18] Babele, «melodramma umoristico in tre atti di Ernesto Palermi», non rappresentato, venne terminato a Napoli nel marzo 1882 (cfr. GASPARE NELLO VETRO, Cronologia, p. 20); la partitura autografa è a Parma, Biblioteca del Conservatorio di musica "A. Boito", segnatura Ψ.II.17-19 (la citazione è desunta dal duetto del primo atto Geronimo-Carlo).

[19] Stando alle annotazioni sulla partitura autografa, l'opera venne concepita fra il luglio e i primi di ottobre 1880: «Napoli 21. Luglio 1880 [...] Fine del Prologo.» (Ψ.II.6, c. 61r), «13 Agosto 1880 | fine | dell'Atto 1.°» (Ψ.II.6, c. 160r), «Fine dell'Opera | Napoli. | Finita il 2 Ottobre 1880» (Ψ.II.8, c. 124r).

[20] Cfr. Gaspare Nello Vetro, *Cronologia*, p. 19.

[21] Questi i personaggi dell'opera con i rispettivi ruoli vocali: Cedar, angelo disceso sulla Terra con sembianze umane (T), Daidha (S), Djezyd, cacciatore di uomini (B), Phayr, capo del Consiglio (B), Adonai, l'anacoreta (B), Nemphed, re di Babele (B), Lakmì, sua schiava e favorita (S), Asrafiel, cospiratore contro Nemphed (B), tre Titani (B), cinque cacciatori compagni di Djezyd (B) e vari gruppi corali: voci dalle piante (STB), cori di angeli (S), pastori (TB), schiave (S), confidenti, ministri, cortigiani di Nemphed (TB).

APPENDICE

CEDAR *

Prologo [1]

L'estrema vetta del Monte Libano confusa colle Nubi. Cedri sacri, sicomori ed altri pini, esalanti vapori odorosi. In fondo vergini boscaglie fiori e fronde. Contrasti di luce nebbie, penombre. Sotto un gran cedro dorme Daidha. Un raggio di luce le rischiara il viso; i suoi piedi toccano le rive d'un lago dormente. Angioli d'ogni intorno confusi tra le nebbie. Fra questi Cedar.

SCENA I.
DAIDHA ADDORMENTATA, ANGIOLI, PASTORI

VOCI DALLE PIANTE [2]
Sia lode eterna all'increato raggio
Che governa la vita,
E all'Etra spande in mistico miraggio
La sua gloria infinita.
Sui rosei fulgenti vapori
Confusi ai celesti chiarori
In seno alle placide sfere
Come aure leggere leggere
Volino i nostri canti al Dio dei Santi.
Sia lode eterna al divino Fattore
Che fa nascer l'aurora.
Giunga quest'inno di supremo amore
All'Eterea dimora,
S'innalzi il vapor dell'incenso
Per l'orbe celeste ed immenso
Sull'ali dei Zeffiri Santi
Confuso agli angelici canti
Fino al trono superno dell'Eterno.

CORO INTERNO [3] (*Pastori, dal fondo della valle*)
Muove la greggia al prato

Del giorno al primo albore
Tutto respira amore nel Creato.
Vago chiaror divino
Splende di sfera in sfera
S'innalzi la preghiera del mattino.

Angioletti [4] (*Che scendono dalle nubi*)
Scendiamo a libare gli effluvii terreni
Nostr'alme a beare nei campi sereni
Ai roridi clivi muoviamo giulivi
Ricinta è d'un velo la terra col cielo.

Coro generale [5] (*Luce d'alba*)
L'alba dirada della nebbia il velo
O creature al Cielo al Cielo al Cielo.

(*A poco a poco le nebbie si diradano. Gli angioli ascendano al cielo. Cedar resta solo sulle cime di un Cedro avvolto ancora da una nube.*)

Scena II
Daidha addormentata e Cedar

Cedar [6]
Al Cielo, ahimè, il sereno
Poter di quell'accento
Perché non sento in seno?
Qual fremito indistinto
Qui in terra mi trattiene
Qual fra catene avvinto.

O Vergine donzella [7]
Di queste selve incanto
Perché sei tanto bella?
I tuoi già da lung'ora
Ti cercano gridando
Tu stai sognando amore
Ed io al mirar m'indio
Il celeste tuo viso
E il Paradiso obblio

Oblio per te che bramo
Più che l'istesso Cielo
Per te che anelo ed amo
Ah! Perché del tuo incanto
Il Cielo non si abbella?
Perché sei bella tanto?

(Resta a contemplarla)

Ad un tratto si sente rumore di passi in fondo alle boscaglie; dei fuochi intermittenti rischiarano la scena, mentre tra il folto delle piante si vede comparire Djezyd e dietro lui sei altri cacciatori di uomini. Vestono pelli di leopardo, portano archi di corno, frecce e reti di acciaio. Si avanzano come chi cerca ed ascolta.

SCENA III
DJEZYD CON SEI CACCIATORI DI UOMINI, CEDAR, DAIDHA

DJEZYD [8]
Esecrabile mestiere,
Dare agli uomini la caccia.
Come agli orsi alle pantere
Dietro andar di traccia in traccia.
Fresche impronte di lor passi
Qui fra i sassi ci guidò.

COMPAGNI [9]
Esecrabile mestier... *(Entrano cercando)*

CEDAR *(Dalle nubi)*
Ciel! Che vedo: in qual periglio
È quell'angelo d'amore
Chi la salva dagli artigli
Di quei mostri di terror?
I miei sguardi offusca un velo
Da me il Cielo s'involò.

DAIDHA [10] *(Destandosi)*
Ove son? la madre mia!
Sola qui? Vicino è il giorno,

Quell'angelica armonia
Più non sento a me d'intorno.
Qui d'un angelo l'imago
Presso al lago si posò.

Djezyd (*Vedendo Daidha*)
Una donna! Fia vero,
Non m'inganno, in fede mia.
La corsa non fu vana
Per quest'erma salita.

Compagni
Una fanciulla si paga a Balbek assai più caro
d'una tigre feroce o d'un leone.
(*Facendosi intorno a Daidha ed ammirandola non visti*)
È bella invero,
Un sol difetto indarno
Si cercherebbe in lei.

Djezyd (*Ai suoi che ammaniscono la rete*)
Presto, la rete!
Un colpo solo!
(*La scagliano sopra Daidha che ne resta avviluppata*)

Daidha (*Colpita dallo spavento e cercando di divincolarsi*)
Ahimè, chi mi soccorre? Gran Dio!

Cedar (*Prorompendo*)
Poter immenso dell'amore.
Frangi i miei ceppi.

(*Immantinente vedesi svaporare la nube in cui Cedar stava avvolto sicché questi assumendo forma umana si precipita su di quelli che cadono al suolo tramortiti.*)

Compagni [11]
Un fulmine ci ha colti (*Dibattendosi al suolo*)
Maledizione, maledizion.
(*Spirano*)

(*Daidha si libera dai lacci della rete*)

CEDAR
Feroci figli di Baal, a mordere la polve
Vi costrinse il mio braccio ed alla morte.

SCENA IV [12]
CEDAR, DAIDHA

CEDAR [13] (*Volgendosi a Daidha che sarà rimasta muta ed immobile*)
E tu non parli a me, Beltà celeste.
Trema tua man, e son tue luci meste.

DAIDHA
Non credo al guardo mio,
È un sogno ingannator,
T'ha a me guidato Iddio,
Angelo salvator
CEDAR (*Con effusione d'affetto*)
Non v'ha nel Paradiso
Angelo al par di te
Ardo pel tuo bel viso
un sogno il tuo non è.
(*La scena si rischiara vivamente. Sorge il sole*)
Ch'io ti contempli al vivido
Raggio del sol nascente.
Sorride l'Oriente inghirlandato
Celestial purissima immagine divina,
Bellezza peregrina astro adorato.

DAIDHA[14] (*Come rapita*)
Il dolce suo accento
M'ha l'alma inebriata
La gioia risento
Che in sogno ho provato.
Così mi guardava,
Parlava così.
L'angelica imago
Che al lago apparì.

Splende il Creato,[15]
Tutto è mistero
Inebriato
È il mio pensiero
A me si svela
Gioia d'amor,
Gioia che inciela
D'estasi il cor.

CORO INTERNO [16]
Daidha! Daidha!

DAIDHA (*Sorgendo*)
Mia madre...I miei fratelli...

CEDAR
A me ti volgi,
Deh ch'io l'oda o cara
Dal tuo labbro l'accento
Sospirato: m'ami.

DAIDHA
Tel disse l'eco del mio core,
Spirto del Cielo e de' miei sogni.
Io t'amo, andiam (*A 2, abbracciati*)
CEDAR Oh gioia! Andiam! (*Abbracciati*)
(*Per avviarsi, si sente il suono delle trombe celesti*)

CEDAR
Ahimè le sacre trombe,
L'ultima voce ancor. (*Risoluto*)
Più forte è amore:
Daidha mia vita.
A te m'avvince un fato [17]
Possente come il Dio che m'ha creato

(*Il suono delle trombe a poco a poco cessa. Si risentono le voci lontane che vanno sempre più avvicinandosi. Daidha e Cedar abbracciati si muovono incontro. Cala la tela.*) [18]

Atto primo

Parte prima
La Foresta dei Phayr [19]

L'interno di una foresta. Castagni immensi, burroni incolti. Qua e là grossi tron-chi d'alberi spezzati dai fulmini. A destra l'ingresso ad un antro coverto di foglia-mi e di palme. A sinistra il grande albero del Consiglio, da cui rami pendono di-verse pelli d'animali (comprese quelle di De Giosa [20]) da formarne come un padi-glione. Si vedono in lontananza la sommità del Sannyr.
Phayr sta seduto sotto l'albero del Consiglio. I sette suoi figliuoli colle loro spose gli fanno corona. Daidha sta in disparte. Gli anziani della tribù siedono in alto, al-tri selvaggi sono dispersi per la scena armati di archi e di frecce.

SCENA I
PHAYR, CEDAR, DAIDHA, CORO

PHAYR (*Dall'alto del suo soglio*)
Per giudicar qui dello straniero
Miei fidi io v'adunai
Di nostre leggi gl'immutati
Dettami ognun rammenti.
Il prigionier s'avanzi.

(*Entra Cedar accompagnato da quattro selvaggi*)

PHAYR (*A Cedar*)
Il nome tuo o garzone ci svela,
A te fratelli tutti qui siamo.
Parla.

(*Cedar comprende, ma non un suono esce dalla sua bocca. Lo stupore si disegna sulla fronte di tutti.*)

CORO
    Ei tace.

PHAYR
Donde l'origine tu avesti? (*Cedar continua ancora a tacere*)
Non favelli?

CORO
Un traditore ei sembra.

PHAYR
Almen ci svela
Come fra noi ti trovi
E in cor che senti.

CEDAR
Amore.

PHAYR E IL CORO
Amore, Amore.

PHAYR
D'oltracotanza sa ben questa parola.

DAIDHA
Ahimè!

CORO [21] (TB)
Egli è un nemico,
Un traditore egli è.
Muoia.

CORO (S)
Per esso la grazia noi chiediamo.

PHAYR
Di nostre leggi
Gl'immutati dettami ognun rammenti (*Volgendosi agli anziani della tribù*)
A voi sommetto, o padri, la sua sorte.
Parlate voi ch'ei viva o ch'abbia morte.

CORO (B)
Spento sia da' nostri dardi
Quest'incognito straniero
Quei suoi sguardi maliardi
Queste notti di mistero
Ben ci dicono che un core
Traditore ei serba in sen.

CORO (TB)
Cada l'empio,
Cada spento
Sul momento.

DAIDHA (*Prorompendo in lacrime*)
Ah! Udite, udite almen:

In mano dei cannibali [22]
Sospinta dalla sorte
Pendean su me terribili
Gli artigli della morte.
Stretta da lacci ferrei,
Vinta da angoscia estrema
Io respirava l'alito
Dell'ora mia suprema.
Ei mi salvò, l'immagine
Ne ho qui scolpita in cor.
Deh per pietà salvatelo,
Vi muova il mio dolor.

PHAYR (*Adirato*)
Tu l'ami e il dici, o perfida,
Morrà, morrà l'indegno!

CORO [23] (TB)
Del più crudel supplizio
Tosto sia fatto segno.

PHAYR
Guardie, allontanatela.

(*Alcuni selvaggi allontanano Daidha dapresso a Cedar*)
Si leghi il prigioniero.
(*Altri selvaggi si avvicinano a Cedar, e cercano di fargli piegare la testa per apporvi un laccio al collo, ma questi rompe di un colpo i legami e va a deporsi a' piedi di Daidha. Sgomento generale. Il Cielo si oscura.*)
Potenza incomprensibile.

CORO (TB)
Che è mai questo mistero?
Trema la terra: è un angelo,
O un demone d'orror.

CEDAR
Tu piangi? Ahimè, legatemi.
Frangiti in petto o cor.
([...] *si umilia. Momento di pausa*)

PHAYR [24] (*Solo*)
Quali auspicii funesti e fatali
Qui ci indusse quest'essere arcano,
Che sia spento da un nembo di strali,
Riconosca il poter di mia mano,
Sia d'Averno o del Cielo un portento
Cada spento il suo genio fatal.

DAIDHA[25] (*A 3*)
Ahimè lassa! Ei per sempre è perduto.
Già fu vana la prece ed il pianto
Né salvarlo da morte ho potuto
Io che l'amo e l'adoro cotanto.
Ahimè lassa trafitto è il mio core
Da un dolore tremendo e mortal [26]
Ahimè lassa per sempre è perduto
Già fu vana la speme ed il pianto

CEDAR (*A 3*)
Perché al pianto abbandoni il tuo ciglio
Oh mia dolce compagna d'amore?
Al tuo fianco non temo periglio
In quest'ora d'estremo dolore.

Volgi a me le pupille tue meste,
O celeste mio spirto vital.

PHAYR (*A 3*)
Quali auspicii funesti e fatali
Qui ci indusse quest'essere arcano,
Che sia spento da un nembo di strali,
Riconosca il poter di mia mano,
Sia d'Averno o del Cielo un portento
Cada spento il suo genio fatal.

CORO (STB)
Qual mistero incompreso è mai questo
Tetro è il Cielo ed il suolo tremante
Quest'incognito a noi sì funesto
Al supplizio sia tratto all'istante.
Il suo spirto possente cotanto
Cada affranto da un colpo mortal.

PHAYR (*Sorgendo*)
Or si proceda al rito
A lui si porga l'ultimo
Dono della terra.
(*Due fanciulle ricevono da lui due canestre di frutta che vanno a deporre ai piedi di Cedar*)
Al capo gli si cinga
La benda funerale.
(*Due altre fanciulle gli pongono agli occhi una benda*)
E tu che la sua amante ti nomasti
Or gli ti appressa, o Daidha,
E tu gli porgi l'ambrosia marina
Ultima offerta che l'Ocean gli rende
(*Daidha tremante va a portargli dell'acqua in una conchiglia. Al suo appressarsi Cedar piega un ginocchio e beve*)
Ed ora i dardi su lui scagliate [27] (*con impeto*)
(*I selvaggi a suono di marcia si dispongono tutti in diagonale dirimpetto all'Albero dov'è legato Cedar. Nel passargli davanti ciascuno inventa un insulto. Infine armati i loro archi di freccie sono già al punto di scagliarle sopra di lui; quando si sente ad un tratto detonare fortemente.*) [28]

(Cade un fulmine. Il cielo è fatto totalmente buio. La bufera incalza. Sgomento, confusione generale.)

Coro (STB)
Ahimè che mai sarà?
Terror tremendo,
Ira del Ciel. *(Corrono dispersi)* [29]

(Daidha cade al suolo svenuta. La confusione ed il terrore arrivano al colmo. Tutti si disperdono chi per gli antri, chi nel fondo della foresta. Cedar avrà rotto i suoi lacci e strappata la benda.)

CEDAR [30] *(A Daidha sollevandola. Con entusiasmo)*
Vieni meco ci ha salvati
Un potere a noi maggiore.
I deserti interminati
Ci sian talamo d'amore.
Già imperversa la bufera,
O mia Daidha torna in te.
Tetra stendesi la sera
Daidha vieni vien con me.

(Cedar trascina Daidha quasi svenuta per lo spavento. Nebbie fitte invadono la scena. La foresta scompare. Dopo breve l'uragano si andrà calmando. Le nebbie diradandosi faranno un sito ameno e ridente.) [31]

Parte seconda
L'Anacoreta [32]

Suolo pendente al fianco di una montagna. Sito ameno e ridente. Frutti sconosciuti di forma e di grossezza ne imbalsamano l'aria. Vasti seminati di frumento, palme, sorgenti di acqua. Fiori, canti di mille uccelli. Nel seno della rocca è scavata una grotta, formata da un'ampia crepatura. Una luce misteriosa la illumina, un sicomoro vi spande i suoi rami all'ingresso.
Adonai solo, dentro la grotta assorto in contemplazione divina. Gli sta davanti il libro d'oro.

SCENA I
ADONAI SOLO [33]
(*Lasciando di scrivere e di meditare*)
(*Guardando verso il cielo*)
Già l'aquile sorelle son partite
A seminar la verità pel mondo.
O libro santo, eredità nascosa
Degli avi miei, dall'ira io ti sottrassi
Del perfido tiranno di Babele!
Fido compagno mio
Da te ritraggo le verità celesti
Di cui pave il despota
E conforto ha l'alme schiave. (*Sorge*)
Iddio librando sta dall'alto soglio
Le iniquitadi umane,
Le nazioni cadran sulle nazioni
E verrà giorno di sterminio
Supremo per le genti.

Tetra una stella appare [34] (*Come invaso da visione profetica*)
Su l'Etra tenebrosa,
Gira la terra e in mare
L'ira del Ciel si posa.
Già trabocca d'abisso l'ampia fonte
Sopra la terra di nequizia impura
Lo Stige si riversa e l'Acheronte
Dei rei viventi è l'ultima sciagura.
Una santa navicella
Sorge in mezzo alla tempesta.
Essa sfida la procella
Su lei il fulmine s'arresta,
Sola in mezzo al vasto mar
Dio la guida e vuol salvar.

Spenti i popoli fian, l'ho letto in cielo:
L'iniquità trabocca, è polve l'uomo.
Polve diventerà. (*Ricade nelle sue meditazioni*)

Scena II.
Daidha, Cedar, Adonai

Cedar [35] (*Da dentro*)
Studiamo il passo.

Daidha
Qua ripida è la via.

Cedar
Poni il tuo piede
Sull'orme mie.

Adonai (*Guardando verso il pendio*)
Due vaghe tortorelle...
(*Daidha e Cedar compariscono dall'alto d'una roccia. Adonai va loro incontro*)
A me venite, o Creature. (*E li conduce sulla scena*)

Cedar e Daidha (*a 2*)
Padre...

Adonai
      Qual destino
Vi spinse a questa volta?

Cedar
Sventura!

Daidha
Sventura!

Adonai
Rasciugate il vostro pianto,
O vaghi figli d'Eva, in questo asilo
La pace troverete al core affranto. (*Li abbraccia*)

Ch'io vi stringa sul mio seno (*Solo, poi a 3 con Cedar e Daidha*)
Tortorelle abbandonate
L'aura dolce e il ciel sereno

Qui godrete qui v'amate
Questo asilo Iddio vi aprì
Questo asil di pace e amor
Obliate i tristi dì
Alla speme aprite il cor.

CEDAR E DAIDHA (*A 3*)
Aura pura al sen mi viene
Dolce al suon di sua favella.
Scorda l'alma le sue pene,
Vaga il cor di stella in stella.
Questo asil Iddio ci aprì,
Questo asil di pace e amor.
Obliamo i tristi dì
Alla speme s'apra il cor.

ADONAI (*A 3*)
Ch'io vi stringa sul mio seno
Tortorelle abbandonate
L'aura dolce e il ciel sereno
Qui godrete qui v'amate
Questo asilo Iddio vi aprì
Questo asil di pace e amor
Obliate i tristi dì
Alla speme aprite il cor.

(Celeste – se sarà possibile – armonia [36] *dal fondo della grotta)*

È l'ora della prece,[37]
Iddio mi chiama.
Miei figli addio.
Vi riposate all'ombra del sicomoro.
Quando avrà cantato l'allodoletta
Io vi verrò a svegliare.
E pregheremo insieme [38]
Chi nel Cielo fa nascere l'aurora.
Addio. (*Li benedice e rientra nella grotta. Armonia continua*)

CEDAR
Le stanche membra
M'invitano al riposo.
Quella santa armonia mi fa mesto.
Daidha! Il Cielo... Ahimè... (*Si addormenta*)

DAIDHA
Cedar, riposa, o dolce amore.
Io veglierò posata sul tuo cor. (*Gli si pone al fianco*)

Dormi sogna l'amor mio [39]
E il sorriso dell'aurora
Dolcemente scorre il rio
Spira un'aura che innamora.
Cantano gli augelletti
Il canto dell'amor,
E il balsamo de' fior
Ti portano sul viso i zeffiretti.
Non destarti dormi intanto
Mentre io veglio a te d'accanto.
Dormi sogna il sole d'oro
Già si asconde dietro al mare
Fino all'alba o mio tesoro.
Déi dormire, déi sognar.
Quando l'allodoletta
Domani canterà,
Allor ti desterà
Un caldo bacio della tua diletta
Non destarti, dormi intanto,
Mentre io veglio a te d'accanto. (*Vinta dal sonno s'addormenta anche lei*)

SCENA III
CEDAR, DAIDHA, ADONAI, TITANI
(*Tutto ad un tratto si sente nell'aria un sordo fremito, simile al volo delle ali dell'uragano. I due amanti si svegliano.*)

CEDAR
Che fia?

DAIDHA
Qual fragor! (*Guardando verso il Cielo*)
A noi s'avanza un aereo naviglio.
Già è vicino.

CEDAR
Ahimè, mi sembra
Nunzio di sventura.

(*Un naviglio di strana figura si vede posare sulla cima della montagna. Tre Titani si vedono scendere armati di grossa clava. Si avanzano minacciosi verso Daidha e Cedar già sbigottiti e tremanti.*)

TITANI
Dov'è Adonai?
(*I Titani entrano nella grotta. Rumore nella grotta*)

CEDAR E DAIDHA (*A 2, unisono*)
Gran Dio lo salva!

TITANI (*Di dentro*)
Muori ribaldo,
E l'aureo libro ci consegna.

ADONAI (*Di dentro*)
Aita, io muoio...

CEDAR E DAIDHA (*A 2, unisono*)
Oh Cielo!
(*Adonai si presenta ferito sulla soglia della grotta, circondato dai Titani che si sono impadroniti del libro d'oro*)

TITANI
Alfin confessa Nemphed, il Dio dei Numi.

ADONAI (*Calmo*)
Un Dio ci guarda dal Cielo,
Ei solo è Dio.
Nemphed disprezzo,

E gli orrori dell'empia Babele!
Cadrà l'empio,
Distrutto fia il suo Regno.

Titani
A mordere la polve
Ti condanna il tuo cieco ardimento.

Cedar e Daidha (*A 2, unisono*)
Di noi pietà, pietà.

Adonai
Figli, io muoio, vi salvi il Cielo, addio!

Titani
Quel pianto o vaghe creature asciugate
Date un addio alla terra che lasciate.[40]

Atto secondo
Babele [41]

Una sala della reggia di Nemphed splendente d'oro e di luce. Immense colonne di granito ne sorreggono la volta. Ad un lato della scena sorge il soglio celeste adorno di stelle. In fondo un gran portico dorato dà accesso ai giardini. Statue, obelischi, vasi orientali esalanti vapori d'aloè. Nemphed è seduto sul suo soglio in dolce letargo. Gli sta attorno ampia corona di Confidenti, Ministri, Cortigiani, Esecutori di giustizia. Alcune schiave alimentano le sacre fiamme, altre con ventagli di piume ne mandano il profumo sino all'alto del soglio. Al fianco di Nemphed sta sdraiata Lakmì, la regina tra le schiave da lui innalzata al rango supremo. Asrafiel sta dal lato opposto parlando co' suoi aderenti Cospiratori al trono reale.

Scena I.
schiave, confidenti, ministri, cortigiani, Asrafiel, Congiurati, Nemphed, Lakmì, poi i Titani, Cedar. Daidha

CORO DI CONFIDENTI
Gloria suprema al supremo gran Nume,
Arbitro de' destini delle genti
Posa il suo fianco su morbide piume
In lieti sogni sopito è il suo core.
Inneggiamo al signor de' viventi
Inneggiamo al supremo signor.

CORO DI SCHIAVE [42] (*Alzando in alto i turiboli*)
Ebbrezza profumi
Al Dio di Babele
Al nume de' numi
Nostr'alma è fedele.
Un nuvol d'incensi
Per l'etra si addensi
E un dolce sopor
Circondi il suo cor.

CORO DI SCHIAVE [43] (*Alzando i ventagli*)
D'intorno all'altare,
Adorno di stelle
La danza dell'ara
Danziamo sorelle.
Dio di Babele,
Nostr'alma è fedele.

ASRAFIEL (*Piano ai suoi*)
Dal soglio gemmato
Cadrà quell'indegno

CONGIURATI (*Sottovoce assai*)
L'abbiamo giurato!

ASRAFIEL
Verrete al convegno?

CONGIURATI
Verremo, verremo,
Tuoi fidi saremo.

ROSA CAFIERO

ASRAFIEL
Dell'empio oppressor
Sia spento il furor

NEMPHED (*Destandosi*)
Aure di voluttà respiro,
È dolce l'estasi del potere
Il soglio mio
Chi turbar potrebbe?
Un serpe ho in core, Asrafiel! (*Guardando Asrafiel*)
Ma pèra! Ne ho giurato
In seno la vendetta.

LAKMÌ (*Piano avvicinandosi ad Asrafiel*)
Ei vi sogguarda
Ardir silenzio.
L'opra mia attendete.

CORO
Sta ben!
(*Si sente lo stormire delle vele che annunzia l'arrivo del naviglio aereo*)

NEMPHED (*Sorgendo*)
Olà, cessi ogni suono.
Viene la navicella mia celeste,
Già sento l'aleggiar delle sue vele.
Eccola alfine.
(*Entrano i Titani portando il libro d'oro. Daidha, Cedar ancora legati. Nemphed contempla Daidha con ammirazione*)
Non tremare, o fanciulla.
Bella sei tanto.
(*Ai Titani*)
Di sì giovin preda grato vi son.

LAKMÌ (*Guardando Cedar*)
Qual celeste volto...

ASRAFIEL (*Guardando Daidha*)
Oh quanto è bella!

NEMPHED (*Ai Titani*)
E il veglio?

TITANI (*Mostrando il libro d'oro*)
A te il suo libro.
Egli morde la polve: è spento, è spento.

DAIDHA E CEDAR (*A 2*)
Oh povero Adonai!
Quale destino, miseri, ci attende?

NEMPHED (*Ad alcuni esecutori*)
Quel fatal libro alle fiamme.
(*Ai Titani*)
E voi, fidi campioni,
Equa mercè ne avrete.
(*Piano agli esecutori*)
Uccisi tosto
E piombati nel baratro d'abisso.

(*I Titani escono. Gli esecutori fanno cenno a Nemphed di obbedire e li seguono. Nemphed si volge a' suoi confidenti.*)
Oh miei celesti confidenti
Il trono vuol che s'inganni, e opprima
E disgraziato chi si ferma
Un sol giorno nel delitto!
Morto Adonai, della sedizione
Non sentiran più i popoli la voce.
Saldo è il mio seggio alfin.
(*Accennando Cedar*)
A quel garzone la maglia dello schiavo:
Nella torre la morte attenderà.
Quella donzella slegate. (*Le schiave eseguono*)
È cara a me. Sei troppo bella.

DAIDHA[44]
Ahi, me misera, non reggo,
Sento un duol che non ha egual
A me intorno altro non veggo

Che l'affanno mio mortal
A qual cruda acerba sorte
È serbato il nostro amor?
Dolce a me saria la morte
In quest'ora di dolor.

LAKMÌ
Quanta grazia sta raccolta
In quel volto addolorato.
Sento l'anima sconvolta
Da un ardor giammai provato,
Splende il guardo come stella
Fulgidissimo chiarore.
Quella fronte così bella
Già favellami d'amor.

CEDAR
L'ho perduta. Che mi resta?
Infelice or sulla terra
Degli affetti la tempesta
Sento in core farmi guerra.
Dal mio ciglio sgorga o pianto,
Nel mio sen ti frangi o cor.
O mio spirto cadi infranto
Dalla forza del dolor.

NEMPHED
Tu t'appressa o giovinetta
Dallo sguardo afflitto e mesto
Fra la gioia che t'aspetta
Tanto duol saria funesta.
No, non piangere: serbata
Sei alla gioia ed all'amore.
La tua immagine adorata
S'è scolpita sul mio cor.

ASRAFIEL
Cuor di despota e tiranno,
Nume despota e crudele,

Tu paventa al nostro inganno
La rovina di Babele.
Pende già l'ultima ora
Su te mostro di terror,
Già s'addensa la bufera
Sul tuo capo traditor.

CORO DI UOMINI
O cuor di despota e tiranno
O nume despota e crudele
Paventa al nostro inganno
La rovina di Babele
Pende già l'ultima sera
Su te mostro di terror
Già s'addensa la bufera
Sul tuo capo traditor.

CORO DI SCHIAVE
Inneggiamo al dio de' numi,
Di Babele al gran signor.
Fra l'ebbrezze ed i profumi
Circondato sia il suo cor.

NEMPHED (*Alle schiave, accennando Daidha*)
Conducete costei nel mio soggiorno.
Da questo luogo ognuno si allontani,
Di calma ho d'uopo.
(*A Lakmì*)
Tu Lakmì, rimani.
(*Tutti escono, meno Nemphed e Lakmì*)

SCENA II
LAKMÌ, NEMPHED [45]

NEMPHED (*Con aria fiduciosa*)
Mia confidente ed arbitra [46]
Del mio poter regale,

73

ROSA CAFIERO

Lakmì, mia fida, un'aura
Spira per me fatale.
Temo...

LAKMÌ
  Disgombra i palpiti
O Sire dal tuo cor:
Saldo è il tuo divo soglio,
Scaccia l'infausto error.

NEMPHED
Io ben discerno attentasi
Contro di me.

LAKMÌ
   Chi mai?

NEMPHED (*Prorompendo feroce*)
Asrafiel il perfido
Muoia o tu pur morrai.

LAKMÌ
Che parli?

NEMPHED (*Calmandosi*)
   Rasserenati,
Comprendi il mio pensier
Mia confidente ed arbitra
Tu sei del mio poter,
Distillatrice magica
Del filtro della morte.
In te ho fiducia, intendimi.

LAKMÌ
T'intesi già.

NEMPHED
   Sii forte
Dell'orgia nella fervida

Ora di voluttà
Tra le tue braccia l'ultimo
Bacio e la morte avrà.

LAKMÌ
Comando è il voler
Del divo Signor.
Ti è fido il pensier,
Ti è fido il mio cor.

NEMPHED (*Fra sé*)
Il divo poter
Tremante è in mia man,
Mi sforza a temer
Un tremito arcan.

LAKMÌ (*Fra sé*)
Trema reprobo tiranno, (*A 2*)
Volto è in te lo sdegno mio.
Sul mio labbro sta l'inganno
Tu la morte avrai da me.
Trema indegno, falso dio,
Piombar saprò su te

NEMPHED
Adonai, quel veglio altero (*A 2*)
Lo vegg'io di sangue asperso
Di sua morte al sol pensiero
Sento l'anima turbar.
Ma no, tremi l'universo.
Saprò opprimere e regnar!

Ben m'intendesti. Il sole di domani
Questa nube importuna
L'orizzonte del mio poter sereni
Quella vaga fanciulla
Per mia sposa ho già prescelto.
La morte al prigionier!

LAKMÌ (*Colpita*)
La morte!

NEMPHED
   Ebben!
Qual turbamento...

LAKMÌ
   Nulla!

NEMPHED
Si prepari la più divina delle orge.
Arcana melodia la rallegri,
Ed il profumo di mille aromi
Addio, Lakmì!

LAKMÌ
   Mio Sire, addio! (*Nemphed parte*)

SCENA III
LAKMÌ SOLA

LAKMÌ (*Agitata*)
La scure al prigionier,
La morte ad Asrafiele.
Ed io sua vile schiava
Strumento di nequizia.
Oh vecchio imbelle,
La tua fine è segnata da gran tempo.
Già romba sul tuo capo la tempesta,
Affrettarla soltanto ora mi resta.

Figlia di schiava [47]
Feroce ho il core
Di me Nemphed
Tu dei tremar.
D'odio e vendetta
Nutro il furore,
Sopra il tuo capo

Saprò piombar.
Sol d'un'aura novella [48]
Sento l'alito nel cor.
La tua immagine sì bella
O stranier mi parla amor.
Amor, o dolce palpito dell'alma,
Luce che ognor ravviva in cor la vita,
Pregusto già quella soave calma
Quella pace che ancor non ho sentita
Vivrà colui lo salverò,
Ne sento in cor l'ardir.
L'amo, e il periglio sfidar saprò,
Saprò per lui morir!

(*Entra Asrafiel seguito dai cospiratori che giungono da parti diverse*)

SCENA IV
ASRAFIEL, LAKMÌ, COSPIRATORI

ASRAFIEL[49] (*Sottovoce*)
Pronti all'ora...

LAKMÌ
        E fidi al pari
Io vi voglio.

CORO
        E lo sarem.

ASRAFIEL
Forti al braccio sian gli acciari.

CORO
Il tuo segno attenderem.

ASRAFIEL, LAKMÌ E CORO
Al massacro, alla ruina,
All'eccidio, alla rapina!

ASRAFIEL, LAKMÌ
Cada il Re.

CORO
       Cadrà l'indegno
E il suo regno ancor cadrà.
Al massacro, alla ruina,
All'eccidio, alla rapina!

LAKMÌ
Quando i suoni della festa
Lieti intorno echeggeranno
Segua all'orgia la tempesta
Cada il perfido tiranno.

CORO
Al massacro, alla ruina,
All'eccidio, alla rapina!

LAKMÌ
Sterminio sterminio
Sull'empia Babele,
Dall'alto del soglio
Cadrà quel crudele.

LAKMÌ, ASRAFIEL E CORO
Di nostra vendetta
già l'ora si affretta
Divori l'incendio
L'intera città.

Atto terzo
La Torre degli Schiavi [50]

SCENA I.
CEDAR, CORO DI SCHIAVI INTERNO

CEDAR
Morir! Morir!
Segnata è la mia sorte,
Il gel di morte sento già nel seno.
Ahimè! Il sereno sogno della mente,
Il Ciel ridente, che pingeami in core
L'ardente amore di sua vaga larva
In me disparve e sol mi resta il pianto.

SCHIAVI
Siamo vittime innocenti
Dio dal Ciel ne avrà pietà.
Egli è il padre dei viventi
L'alme nostre accoglierà.

CEDAR
Son gli schiavi che plorano
All'estrem'ora suprema di dolor.
Anch'io darò l'addio
Supremo a questa vita,
Or ch'è svanita ogni speranza in core.
O dolce amore, o Daidha mia speme,
Nell'ore estreme almen ti avessi accanto.

Un senso inenarrabile [51]
D'angoscia il cor mi preme,
Fuggita ahimè dall'anima
Fuggita è ancor la speme.
Daidha, mio dolce amore
Mai più ti rivedrò
La voce tua sul core
Io più non sentirò.
Ah prima di morir,
Ah pria di lasciarti
Deh venga a consolarti un mio sospir.
Addio mio solo ben,
Mia vita addio addio,
L'eco del pianto mio ti giunga almeno.

SCHIAVI
Siamo vittime innocenti
Dio dal Ciel ne avrà pietà.

SCENA II
LAKMÌ E CEDAR [52]

LAKMÌ
Dorme, tranquillo è il suo respiro [53]
Oh qual ansia d'amor qui sento.
In quella fronte sta il paradiso mio,
Su quelle labbra lo spirto di mia vita.
M'amerai, sì, m'amerai, crudele,
E se non fosse,
Che per un solo istante io vo' gustarlo,
Quel gaudio di sentirmi dire io t'amo.

CEDAR
Daidha!

LAKMÌ
          Quel nome!
Ei sogna la sua amata.
O strazio, o gelosia!

CEDAR
Daidha amor mio!
Vieni quale baglior ove son io.

LAKMÌ
Qui, presso a me consolati,
Presso la tua sorella
Calma il dolor dell'anima.
Lieta ti dò novella:
Fuggir tu puoi.

CEDAR
D'infamia al prezzo mi vuoi dar la vita.
Io ben comprendoti, Lakmì.

LAKMÌ
Cedar! Cedar!
Ch'io muoia dopo un fervido
Bacio di labbri tuoi.
Nella crescente smania
D'un posseduto amore
Angelo mio, tu rendermi
Felice sol tu puoi.
T'amo, Cedar, compiangimi,
Ma non sprezzarmi ancor.

CEDAR
Fido ha il mio cor serbato
D'un angelo la fede.
Bramo morir beato
Fido serbando il cor.
Son nato per soffrire,
Sprezzo la tua mercede
Va', lasciami morir
Solo col mio dolor.

LAKMÌ
Tu mi discacci e l'umile
Servaggio mio disprezzi.
La vita che vo' renderti
Crudel tu non apprezzi.
Fida al tuo amore è Daidha

CEDAR
Colei nomasti. Ebben!

LAKMÌ
Beata ell'è nell'estasi
D'un gaudio più seren.
Novella diva al talamo
L'attende il dio dei numi.
Del soglio suo sidereo,
Fra calidi profumi.

CEDAR
Che sento, ahimè!

LAKMÌ
Nell'orgia che in breve echeggia
Ella fra lieti cantici
Il serto cingerà.

CEDAR
Deh cessa, tu il core
Mi frangi nel petto,
Non reggo al dolore
Dell'aspro tuo detto.
L'amor mi conquista
Qui dentro lo sento,
L'angoscia m'uccide
D'estremo tormento.
Deh lasciami affranto
Dal fiero martir.
Ti dica il mio pianto
S'io bramo morir.

LAKMÌ
Morir, deh, non ripeterlo [54]
Questo fatale accento.
Per te parte bell'angelo
Morire io già mi sento.
Piango con te, deh calmati,
Reso ti fia il suo cor.

CEDAR
Che dici!

LAKMÌ
           A me le lagrime,
A voi delizie amor.

CEDAR
Questi accenti mi svela,

Io non comprendo:
Svelami un tal mistero.

LAKMÌ
M'amerai, crudele e se non fosse
Che per un sol istante io vo gustarlo
Quel gaudio di sentirmi dire io t'amo.

CEDAR
Ebben, Lakmì, tu taci!

LAKMÌ
                    Ascolta!
È questa notte estrema d'eccidio:
Una gran trama si prepara in Balbek.
Assassinato cadrà Nemphed
E dalle cento torri un fuoco pioverà
Divoratore sopra l'empia città.
Sol una porta a te fia schiusa:
Una schiava velata t'insegnerà il cammin.
Là presso al fiume Daidha verrà.
Colà ti fermerai, m'intendi?

CEDAR
Oh gioia non provata mai.

LAKMÌ
Odi, l'orgia ora s'appresta [55]
Fra l'ebbrezza ed il contento.
Nei profumi della festa
Là Nemphed vi cadrà spento
La tua Daidha rivedrai
Vieni affrettati a fuggir
(L'ho giurato, m'amerai
Anche a prezzo di morir).

CEDAR
Gaudio inaspettato!
Nuova vita in petto io sento:

Rivederla ancor m'è dato,
Io non credo al mio contento.
La mia speme ed il mio amor,
La mia Daidha rivedrò.
Ogni affanno, ogni dolore (*A 2*)
Dal [mio] cor si dileguò.

LAKMÌ
(L'ho giurato m'amerai   (*A 2*)
anche a prezzo di morir.)

SCENA III
DAIDHA SOLA

DAIDHA
È veleno quest'aura,
Le mie ciglia più non han pianto.
Ah! dove sei Cedar,
Speranza di mia vita?
Un sordo gemito nell'anima mi piomba
In duri ceppi avvinto io già ti veggo.
Le tue membra ahimè di nero sangue
Son stillanti, salvatelo, salvatelo!
Oh ch'io muoia sotto l'immenso affanno
Che m'opprime.
Nessun risponde...
I vortici dell'orgia
S'incalzano quei suoni.
Questa veste, o Cielo, chi mi salva?
Già perduta anch'io mi veggo, ahimè!
Nessun m'aita.
Pietà di lui, di me pietà gran Dio.
Atroce è il mio martir:
Salvate l'amor mio
O fatemi morir.

Ciel pietà del mio tormento
Provo il duol dell'agonia.

Io spezzar il cor mi sento
Dalla forza del dolor.
Dell'afflitta anima mia
Deh pietà, pietà Signor!

SCENA IV
DAIDHA, LAKMÌ.[56]

DAIDHA
Lakmì!

LAKMÌ
   Così mesta
Perché mia diletta?
Tu piangi, o mia dolce
Sorella d'amor!

DAIDHA
Oppressa è quest'alma.

LAKMÌ
Già il gaudio t'aspetta
Dall'ara alla speme
Dischiudi il tuo cor.

DAIDHA
Ahi misera il gaudio
D'angoscia mortale.
Affranta la morte
Fia vita per me.
Quest'aura che spiro
è un'aura fatale.
Io soffro...

LAKMÌ
   E il mio cor
Ne soffre con te.
Cedar, o infelice...

DAIDHA
Ahimè, che dicesti?
Ei forse... Deh, parla!

LAKMÌ
Geloso furor!
L'adora quest'empia.

DAIDHA
Viv'egli! il vedesti?
Deh, calma l'affanno
Che m'agita il cor.

LAKMÌ
Ei vive...Ma fra l'orride [57]
Tenebre giace affranto
Son le sue guancie pallide
E suo conforto il pianto.

DAIDHA
Ahimè, che dici? Cessa!

LAKMÌ
Mesta la sua pupilla
Di gioia più non brilla.

DAIDHA
Io più non reggo...

LAKMÌ
Né un misero giaciglio...

DAIDHA
Dal duolo oppressa...

LAKMÌ
Sta per posarvi il ciglio.

DAIDHA
D'amor, d'angoscia
Morire mi sento.

LAKMÌ
Consunto dalle lagrime...

DAIDHA
Tremenda è l'ansia
Del mio tormento!

LAKMÌ
Chiede conforto al Ciel
Maledicendo Daidha,
L'amante sua infedel.

DAIDHA
Cessa, morir mi sento.
Lungi o serto abominato
Pianger voglio l'amor mio.

DAIDHA
Ah! t'avessi, almeno al lato [58] (*A 2*)
Ardentissimo desio.
Queste chiome a te sì care
Presso a te vorrei posar.
Vorrei teco lagrimare,
Oh Cedar, o mio Cedar.

LAKMÌ
Soffri o perfida le pene (*A 2*)
Che ha sofferto l'alma mia.
Mi divampa nelle vene
Il furor di gelosia.
Quelle chiome a me darai
Saprò fingere e ingannar.
Preda d'altri tu sarai
E Cedar me deve amar!

Scena Finale [59]
Daidha, Lakmì, Nemphed, Asrafiel, coro

Nemphed (*Dentro*)
Ebbrezza e canti,[60]
Fiori al mio crine,
Inebrianti
Aure divine.

Daidha
È lui!

Nemphed
Versate nettare,
Lieto son io.
Vieni mia Daidha,
Diva d'amor.

Daidha
Quel filtro inebria...
Non sentirà la morte.

Lakmì
Ti rasserena, o Daidha,[61]
Sorride a te la sorte,
Ti appella il re.

Daidha
         Che intendi?
Lakmì! Sorella! Cedar?

Lakmì
E nol comprendi? Io l'amo.

Daidha
Ah!

NEMPHED (*Entrando in scena*)
Versate o nettare,
lieto è il mio...[*S'interrompe all'improvviso*]
Sì bella, o Daidha,[62]
Sì ritrosa col prence tuo perché?

LAKMÌ
È ritrosia di sposa.

DAIDHA
Tutto comprendo, ahimè!

NEMPHED
Sgombra gentil dall'anima
Il duol che ti funesta.

LAKMÌ
Novella dea nel talamo,
Regina della festa.

DAIDHA
L'abisso spalancato,
Io veggio me presente,
Né di fuggir m'è dato.
M'aita, o dio possente!

NEMPHED
Sgombra o gentil dall'anima
Il duol che ti funesta.
Asrafiel!

LAKMÌ
          Fia spento!

NEMPHED
Bada!

LAKMÌ
          Confida in me!

Nemphed
Di festa i suoni io sento.[63]
Vieni, mia vita è in te.

Ah...Ebbrezza e canti,
Fiori al tuo crine [64]
Inebrianti aure divine,
Versate nettare,
Lieto è il mio core,
Vieni o mia Daidha,
Diva d'amore.

Asrafiel
Daidha?

Lakmì
Tua sarà, compita è l'opra,
Quelle trecce a me darai.

Asrafiel
Sta ben.

Asrafiel e Lakmì
Giunta è l'ora.

Daidha
Ahimè.

Nemphed
Che fia? Asrafiel!

Lakmì
O veglio, la tua schiava si vendica.

Asrafiel
Per te suonata è l'ora.

Coro interno
Morte! Morte! [65]

Vendetta! Cada il Sire!

NEMPHED
Io fui tradito. Guardie!
Alcun non giunge... O mio furor!
Scorrer nelle vene
Sento il gelo della morte.

CORO
Al fuoco! Al fuoco!

DAIDHA
Gran Dio! Morir mi sento

CORO
Al fuoco! Al fuoco!

NEMPHED
Ahimè, ahimè! che veggo! [66]
In fiamme è la città.
Caduto il regno, nessun m'aiuta!
Spuntano d'intorno
Larve orrende feroci.
Ahimè! Ahimè, Adonai, Adonai, mi perdona!
Ah! il libro d'oro.[67]
Maledizione, io moro!

LAKMÌ, ASRAFIEL, CORO
Sterminio sterminio
Sull'empia Babele.
Caduto dal soglio
È il rege crudele.
L'eccidio ed il fuoco
Invada ogni loco,
Divori l'incendio
L'intera città.[68]

Epilogo
L'Abisso [69]

Luogo alpestre e selvaggio. Un ampio torrente attraversa la scena, alla destra sponda del quale domina un'altura che mette fondo in un abisso frastagliato da balze e dirupi. È notte; si odono da lontano suoni confusi come grida lamentevoli di morenti. La scena è deserta. Dopo breve si vede Cedar avanzarsi dal fondo guidato da una schiava velata che immediatamente si allontana lasciandolo solo.

Scena I
Cedar solo, poi Lakmì, infine Daidha[70]

Cedar (*Recitativo*)
Ella verrà, sento nel cor la viva gioia di possederla.
O Daidha mia, spirto soave, sogno mio adorato,
Il Ciel, la terra, e tutto l'universo più non varrà
A strapparti dal mio seno.
Solo son io, non sento[71]
Che la mesta eco di quella balza
Che ripete il suon di mie parole.
E la lontana lamentevole tetra ultima nota[72]
Dell'estinta Babele
È questo il loco.[73] (*Guardando in fondo la scena*)
Qui fermarmi degg'io.
Un'ombra veggo
Fra la fitta tenèbra.
Ah non m'inganno, è dessa.
Daidha, amor mio.
(*Lakmì si avanza coperta di un velo sotto le sembianze di Daidha e adorna delle trecce di quella. Cedar corre ad abbracciarla.*)
Sento il profumo etereo
Delle sue trecce d'oro
Vieni al mio seno, abbracciami
Desiato mio tesoro.

Lakmì
Non reggo a tanto gaudio.

CEDAR
Questo mio pianto l'estasi
Ti dica del mio cor.

LAKMÌ
Tremo di tema e amor.

CEDAR
Ah, perché mai le tenebre
Contrastanmi il tuo viso.
Tremi. Perché? Bell'angelo
Non veggo il tuo sorriso.
Daidha! io t'amo.

LAKMÌ
Oh magica parola, io l'odo alfine.

CEDAR
Ch'io ti baci! Abbracciami. Vieni.

LAKMÌ (A 2)
Sogno divin.
No, non è vana
Vision la mia
Che il cor m'inebria,
Che l'alma india.
O gioia arcana
Io l'ho provata
Quella dolc'estasi
D'essere amata
Gaudio sereno
Deh, non finir!
Stretta al tuo seno
Fammi morir.

CEDAR (A 2)
A te d'appresso
Io son beato.
Daidha, bell'angelo,

Spirto adorato.
In questo amplesso
Dal tuo bel viso
Libo gli effluvii
Del Paradiso.
Per te sol vivo,
Deh, vieni a me.
Morrei se privo
Fossi di te.

(*Si sente da lontano la voce di Daidha* [74])

DAIDHA (*Nella scena*)
Dormi, dormi.

CEDAR
Che sento. Quella voce!

DAIDHA
Sogna l'amor mio
E il sorriso dell'aurora.
Dolcemente scorre il rio,
Spira un'aura che innamora.

LAKMÌ
Io son perduta.
Ell'è fuggita e vive, o gelosia.

CEDAR
Daidha, non m'inganno.
Io fui tradito, o mio furor! (*Volgendosi a Lakmì e strappando il velo che le ascon-de il viso*)
Chi sei tu? Ch'io scopra quest'inganno tremendo!
Ciel, che vedo!

LAKMÌ
Ravvisami Cedar, son io che t'amo
Ahimè, non sprezzarmi! (*S'inginocchia ai piedi di Cedar*)

CEDAR (*Al colmo dell'ira*)
O vituperio!
Un denso velo mi copre lo sguardo.
Vipera abbominata.
Vile impasto di vizio e d'impostura!
Muori! (*La trafigge*)

LAKMÌ
Dio, io muoio.

CEDAR
Daidha vieni, angelo mio.
(*Daidha comparisce dal fondo, scarmigliata e discinta. Porzione delle sue trecce sono state recise. Il suo passo è lento. Lo sguardo impietrito.*)

DAIDHA (*A 3*)
Dormi sogna il sole d'oro
Già si asconde dietro al mare
Fino all'alba o mio tesoro.
Dei dormire dei sognar.

CEDAR (*A 3*)
Daidha mio ben ravvisami.
Io ti veggo alfine.
Ahimè! perché sì pallida,
Perché strappato il crine?
Rispondi a me, rispondimi,
Angiolo del mio core.

LAKMÌ (*A 3*)
Morire dopo un fervido
Bacio de' labbri tuoi
Cedar la morte appressa
Tu raddolcir la puoi
Cedar!

DAIDHA
È questo un sogno, un'estasi,
O la sua voce io sento?

M'inganno ahimè! Nel carcere [75]
È un anno che fu spento.
Va' tapinella misera
Per te non v'ha più amore.

Cedar
Daidha mio ben ravvisami.

Lakmì
A me rivolgi un ultimo
Sguardo consolator.

Daidha (*Scuotendosi di un tratto e guardandosi intorno atterrita come chi si desta
da un sonno profondo*)
Qual voce, ove son io?

Lakmì (*Parlando a stento*)
Cedar, io moro.
Manca al mio cor la fibra
Io più non scerno, addio! (*Muore*)

Daidha (*Vedendo Lakmì*)
Lakmì! Sì, è dessa,
È la sua voce,
La mia rivale ell'è.

Cedar
Daidha, Daidha!

Daidha
Tradita io sono,
Cedar, sii maledetto.
Un empio sei, (*Respingendolo*)
Cedar ti abborro. (*Imprecando*)

Cedar
Ancor punito il Ciel
Mi volle nel tuo amore.
O terra, distruggi

Questo spirito insensato.
Maledizion! Maledizion!
L'ira del cielo su di me ripiomba,[76]
L'universo scompare al guardo mio,
L'abisso a sé mi chiama.
Daidha! Daidha! (*Si precipita nell'abisso*)

CORO INTERNO
Caduto spirito
Il tuo peccato
Sconta con lagrime
D'eterno duol.[77]

NOTE

* Il testo del libretto di *Cedar* qui riprodotto è desunto dalla partitura autografa conservata presso la Biblioteca del Conservatorio di musica "A. Boito" di Parma (tre volumi, segnatura Ψ.II.6-8). La grafia è stata normalizzata, ove necessario, secondo l'uso corrente; nostre sono la punteggiatura e le indicazioni relative alle scene.

[1] «G. Bottesini | Prologo | Cedar» (Ψ.II.6, c. 2r).
[2] Sostenuto.
[3] Allegretto moderato assai.
[4] Presto.
[5] Sostenuto.
[6] Stesso movimento.
[7] Poco animando.
[8] Moderato (Ψ.II.6, c. 33r).
[9] Animando.
[10] Meno mosso.
[11] Allegro.
[12] «Duetto Cedar Daidha» (Ψ.II.6, c. 47r).
[13] «Rec.°» (Ψ.II.6, c. 47r).
[14] Sostenuto.
[15] Largo (a 2).
[16] Allegro.

[17] Annotazione a matita: «declamato».
[18] «Napoli 21. Luglio 1880 [...] Fine del Prologo.» (Ψ.II.6, c. 61r).
[19] «G. Bottesini | Atto 1.° | Parte prima | La Foresta dei Phayr.» (Ψ.II.6, c. 62r).
[20] Nicola De Giosa.
[21] Allegro.
[22] Andantino mosso.
[23] Allegro.
[24] Andante.
[25] Terzetto (Daidha, Cedar, Phayr) con coro.
[26] Nelle repliche «feral».
[27] Allegro feroce.
[28] Animando.
[29] Segue interludio strumentale.
[30] Andantino mosso.
[31] Segue lunga sezione strumentale.
[32] Ψ.II.6, c. 199r.
[33] Moderato.
[34] Sostenuto.
[35] Adagio.
[36] «Armonia interna Saxofonj» (Ψ.II.6, c. 135v).
[37] Andantino mosso (Dolcissimo).
[38] Sostenuto.
[39] Andantino.
[40] «13 Agosto 1880 | fine | dell'Atto 1.°» (Ψ.II.6, c. 160r).
[41] «G. Bottesini | Atto 2.do | Babele» (Ψ.II.7, c. 1r).
[42] Soprani primi.
[43] Soprani secondi. Le danze delle schiave continuano in sottofondo mentre Asrafiel e i suoi organizzano la congiura contro Nemphed (Ψ.II.7, c. 17r).
[44] Adagio.
[45] «Duetto Lakmi–Nemphed» (Ψ.II.7, c. 44v).
[46] Moderato.
[47] Agitato.
[48] Poco meno. Dolce.
[49] Allegro.
[50] «G. Bottesini | La Torre degli Schiavi | Atto 3.°» (Ψ.II.8, c. 1r).
[51] Andante sostenuto.
[52] «Gran Scena e Duetto. Lakmi e Cedar» (Ψ.II.8, c. 15r).
[53] Moderato.
[54] Andante mosso.

⁵⁵ Allegro (banda interna).
⁵⁶ «Duetto Daidha Lakmì» (Ψ.II.8, c. 58*r*).
⁵⁷ Moderato.
⁵⁸ Sostenuto.
⁵⁹ Andantino (Ψ.II.8, c. 69*r*).
⁶⁰ Canzone.
⁶¹ Più mosso.
⁶² Moderato.
⁶³ Allegro (banda interna).
⁶⁴ Tempo della canzone.
⁶⁵ Allegro.
⁶⁶ Moderato.
⁶⁷ Andante.
⁶⁸ «Fine | Atto. 3.°» (Ψ.II.8, c. 90*r*).
⁶⁹ «G. Bottesini | Epilogo | L'Abisso» (Ψ.II.8, c. 91*r*).
⁷⁰ «Duetto e Terzetto» (Ψ.II.8, c. 91*v*).
⁷¹ Meno mosso.
⁷² Allegro mosso.
⁷³ Moderato.
⁷⁴ Stesso movimento più mosso.
⁷⁵ Andantino mosso.
⁷⁶ Poco sostenuto.
⁷⁷ «Fine dell'Opera | Napoli. | Finita il 2 Ottobre 1880» (Ψ.II.8, c. 124*r*).

PIETRO ZAPPALÀ

GIOVANNI BOTTESINI E LA CONOSCENZA DELL'OPERA DI MENDELSSOHN: INTRODUZIONE AD UNA INDAGINE

Uno dei meriti riconosciuti a Giovanni Bottesini, all'interno delle multiformi attività che contraddistinsero la sua intensa vita, è lo sforzo da lui compiuto per incentivare la diffusione della musica strumentale in ambiente italiano. Egli provvide a ciò in vario modo: da un lato come organizzatore di concerti e promotore di circoli culturali rivolti a questo specifico repertorio, dall'altro come esecutore egli stesso, divulgando la musica cameristica dei compositori d'oltralpe, dall'altro ancora come compositore, scrivendo lavori che si emancipano dalla presenza, preponderante in area italiana, dell'opera lirica ed emulano piuttosto la contemporanea produzione strumentale di tradizione tedesca.[1]

Uno dei compositori sicuramente apprezzati da Bottesini fu Felix Mendelssohn Bartholdy. Fra i due compositori non ci fu un contatto diretto: al momento della prematura scomparsa dell'artista tedesco, il 1847, l'ancor giovane Bottesini, pur già conclamato concertista, aveva appena iniziato quelle peregrinazioni artistiche che lo avrebbero accompagnato in giro per il mondo per buona parte della sua vita; nel 1847, nella fattispecie, egli si trovava a Cuba. Volendo quindi cercare un tramite fra i due musicisti, se non materiale almeno spirituale, fra i vari possibili possiamo certamente considerare il violoncellista Alfredo Piatti, che aveva incontrato di persona Mendelssohn in Inghilterra e con il quale, ancora in Inghilterra, Bottesini tenne numerosi concerti.

L'indagine che ci proponiamo può essere condotta su due piani: esaminare l'attività concertistica di Giovanni Bottesini come esecutore di opere di Mendelssohn oppure valutarne la personalità come compositore in qualche modo influenzato dall'opera del musicista tedesco. Per inquadrare opportunamente entrambi gli aspetti, vale la pena di ricordare che a metà dell'Ottocento e negli anni subito successivi si ebbe dapprima un crescente apprezzamento, postumo, per la figura di Mendelssohn: tale apprezzamento ebbe un incremento notevole in Inghilterra (dove il musicista già in vita aveva ottenuto clamorosi riconoscimenti), si mantenne su buoni valori anche in Germania e non fu assente neanche in Italia. Seguì una fase di denigrazione, spinta soprattutto dall'atteggiamento ostile di Richard Wagner e dei suoi seguaci, ma che ebbe pesanti ripercussioni quasi esclusivamente in Germania. Sul finire del secolo la memoria di Mendelssohn subì giudizi critici opposti, ma comunque non estremi e faziosi: a livello colto egli veniva considerato come un esponente di un Romanticismo salottiero superato e noioso (significativo il giudizio di Debussy, che vedeva in Mendelssohn il notaio della musica), ma a livello di consumo e di apprezzamento popolare manteneva inalterato il suo successo (e così pure, sebbene quasi in sordina, anche presso compositori rinomati, quali Brahms, Bruckner e Ravel).

Non mi soffermo però su Bottesini esecutore delle opere mendelssohniane: in parte perché già altrove si documenta la sua assidua frequentazione delle partiture di Mendelssohn,[2] ma soprattutto perché la vicenda biografica di Bottesini è così intricata, che un rendiconto puntuale ed esaustivo delle sue esecuzioni di musica mendelssohniana sarebbe piuttosto problematico e trascenderebbe gli spazi concessi a questo intervento. Per quanto concerne Bottesini come compositore, dobbiamo rilevare che non mancano i commenti che rilevino, nelle opere del contrabbassista, la presenza in qualche modo del linguaggio mendelssohniano. In cosa però consista questa parentela di scrittura nessuno lo dice con precisione e mancano esami dettagliati di opere che attestino, mediante un minuzioso vaglio degli elementi compositivi, il parallelismo fra i due musicisti.[3] Occorre così esaminare da vicino la produzione di Bottesini (e di Mendelssohn) alla ricerca di quegli elementi compositivi che possano giustificare il loro accostamento. Tale lavoro si rivolge più ovviamente alla musica strumentale e, in particolar modo, a quella da camera: è in tale ambito, infatti, che Bottesini si avvicina maggiormente ai modelli transalpini (in particolare germanici), tralasciando le caratteristiche tipiche della scrittura virtuosistica del contrabbasso, da un lato, e quelle della tradizione operistica italiana dall'altro.

L'esame delle musiche di Bottesini è, in realtà, ancora in corso, stante la difficoltà di reperire edizioni delle sue opere e, soprattutto, stante la certezza delle dubbia qualità di tali edizioni.[4] Non minore è la difficoltà di reperire le fonti originali delle opere del contrabbassista, disperse in tutto il globo, sebbene un fondo cospicuo sia presente presso il Conservatorio di Parma. La mia ricerca si è pertanto incentrata finora su quella composizione che *ex professo* ha riferimenti a Mendelssohn, l'*Allegro da concerto alla Mendelssohn*: in essa Bottesini stesso dichiara espressamente, attraverso il titolo, il modello da cui deriva qualche aspetto significativo della composizione che cercheremo di evidenziare opportunamente.

L'*Allegro di concerto alla Mendelssohn* è conservato in tre differenti manoscritti presso la Biblioteca del Conservatorio di Parma. Questa abbondanza di testimoni è motivo più di imbarazzo che di soddisfazione per lo studioso, dal momento che si tratta di tre versioni diverse l'una dall'altra.

1. Sotto la segnatura CB.II.3.47532 [5] abbiamo una redazione per contrabbasso e pianoforte, di 21 pagine, per un totale di 335 battute; la composizione è in tonalità di Mi minore.

2. Sotto la segnatura CB.II.3.47534 [6] abbiamo un'altra redazione, ancora per contrabbasso e pianoforte, di 25 pagine, ma di sole 327 battute; la tonalità, inoltre, è quella di Fa minore.

3. Infine sotto la segnatura da CB.II.7.47657 a CB.II.7.47660 abbiamo le parti di accompagnamento orchestrale, mentre manca la parte separata del solista: una parte ciascuna per violino I, violino II, viola, violoncello e contrabbasso;[7] tranne l'ultima, che è di 4 pagine, tutte sono di 5 pagine. Tutte le parti hanno solo 315 battute. La tonalità è nuovamente quella di Mi minore.

Il quadro dunque è composito, né vi sono – allo stato attuale – elementi che consentano di determinare esattamente le relazioni che intercorrono fra questi tre manoscritti. Rimangono aperti alcuni problemi di una certa rilevanza:

1. La tonalità stessa dell'opera, che oscilla fra Mi minore e Fa minore. Bisogna tuttavia rilevare che è frequente, nell'opera di Bottesini, la presenza di una medesima composizione redatta in due tonalità prossime: tale occorrenza va ricondotta verosimilmente all'uso di eseguire la parte solistica con lo strumento intonato un semitono o un tono sopra al resto dell'orchestra, allo scopo di ottenere un suono più brillante.

2. L'estensione esatta del testo, che nei tre testimoni presenta dei tagli, certo di non grande entità, ma che configurano tre testi comunque differenti: la principale variante si trova nell'esposizione del secondo tema, che nelle redazioni più brevi viene tolta all'orchestra e affidata direttamente al solista.

3. La data di composizione, che rimane incerta,[8] cosa che sicuramente non facilita una corretta valutazione dell'influenza di Mendelssohn (ed eventualmente anche di altri musicisti) sull'opera di Bottesini.

Ma non si tratta qui di condurre una disquisizione filologica, per quanto l'esatta determinazione di ogni aspetto della vicenda dei manoscritti potrebbe contribuire a illuminare il contesto in cui la composizione nacque. Si tratta piuttosto di identificare quegli elementi dell'*Allegro* che siano quanto più possibilmente tipicamente mendelssohniani o che, comunque, mostrino la derivazione del concerto di Bottesini dall'opera di Mendelssohn.

Già ad una prima indagine sommaria, appare evidente che il riferimento più appariscente della composizione bottesiniana è il primo movimento del *Concerto per violino* in Mi minore op. 61 di Mendelssohn, opera che risale al 1844. In comune fra le due composizioni vi sono una serie di elementi macroscopici, che l'ascoltatore più smaliziato avverte con immediatezza, ma che anche l'ascoltatore più ingenuo percepisce almeno inconsciamente:

• innanzitutto la comune tonalità di Mi minore; ciò sia detto con le dovute riserve, dal momento che dell'Allegro c'è anche una versione in Fa minore la cui collocazione in seno alla tradizione, come sopra menzionato, va ancora chiarita;

• in secondo luogo l'adozione della forma sonata, con due aree tematiche principali e la comparsa di una "terza idea" o tema di transizione, sebbene questa soluzione formale non sia certo né nuova, né tipica di Mendelssohn;

• ancora dal punto di vista formale, ma più caratterizzante, in questo caso, è la comparsa della cadenza del solista non alla fine del movimento, come avviene abbastanza tradizionalmente, bensì alla fine dello sviluppo, prima della ripresa (come avverrà poi anche nel *Concerto per violino* in Re maggiore op. 35 di Piëtr Il'ic Čiaikovskij, del 1878);

• anche alcuni aspetti tematici accomunano i due concerti: in particolare proprio il tema d'apertura, in entrambi i casi articolati su forme arpeggiate della triade, e contraddistinti da un ritmo puntato (cfr. es. mus. 1);

• vi sono, infine, alcuni elementi stilistici comuni, fra i quali l'inizio affidato immediatamente al solista (soluzione che, peraltro, si trova per esempio anche nei concerti per pianoforte di Schumann e di Grieg). Ancora più indicativo e, direi, peculiare di questi due concerti, è il modo con cui si conclude la cadenza del solista e si avvia la ripresa: la coda della cadenza, tutta intessuta di arpeggi rapidi del solista, si spegne in sordina lasciando spazio alla ripresa del tema iniziale affidata all'orchestra. (Qualcosa di simile, ma al tempo stesso ancora lontano da questi casi, si verifica nei concerti per violino di Beethoven e di Čiaikovskij). Cfr. es. mus. 7.

Al di là di queste analogie di facile comprensione, una analisi più dettagliata rileva una affinità fra le due partiture ancora maggiore. Allo scopo di semplificarne la leggibilità, riassumo in forma tabellare una comparazione sinottica dei due movimenti di concerto, evidenziandone i numerosi punti di contatto.[9]

	Mendelssohn	Bottesini
Esposizione		
Primo tema	1-72 Inizio quasi immediato del solista su arpeggi degli archi; il tema si basa sull'arpeggio della triade di tonica. [25-47] Coda del tema, prima della riesposizione orchestrale: lungo episodio in terzine, con accordi marcati nell'orchestra.	1-59 Inizio (quasi) immediato del solista su tremolo degli archi; il tema si basa sull'arpeggio della triade di tonica (cfr. es. mus. 1). [30-38] Coda del tema, prima della riesposizione orchestrale: presenza di motivi in terzine, con accordi marcati nella orchestra (cfr. es. mus. 2).
Riesposizione	[47-72] Riesposizione orchestrale con unisono degli archi e risposta dei fiati (55-61).	[38-59] Riesposizione orchestrale seguita dall'unisono degli archi.
Tema di transizione	[72-130] Tema di transizione su accompagnamento di note ribattute, esposto dall'orchestra e subito dopo dal solista. [85-93] Arpeggi del solista fra accordi in tremolo degli archi. [97-112] Terzine con andamento cromatico. [113-125] Quartine più distese sullo sfondo di un accompagnamento orchestrale a valori lunghi.	[59-97] Tema di transizione su accompagnamento di note ribattute, esposto dall'orchestra e subito dopo dal solista. [67-75 + 79-81] Arpeggi del solista fra accordi in tremolo degli archi (cfr. es. mus. 3). [75-78] Terzine con andamento cromatico (cfr. es. mus. 4). [82-96] Quartine più distese sullo sfondo di un accompagnamento orchestrale a valori lunghi.
Secondo tema	[131-168] Il secondo tema è esposto dall'orchestra (tutto) su pedale del solista, e viene subito ripreso dal solista.	[97-135] Il secondo tema è esposto dall'orchestra su (breve) pedale del solista, e viene subito ripreso dal solista.

	Mendelssohn	Bottesini
Sviluppo	[168-298] [172-205] Nel solista motivo di arpeggio rivolto all'acuto con riprese al grave, in terzine, contemporaneamente ad elementi del primo tema all'orchestra; segue una ascesa cromatica per terzine da parte del solista; [210-226] alternanza fra gli arpeggi del solista e i blocchi di note ribattute nell'orchestra (con l'elemento del trillo);	[136-197] [136-154] Nel solista motivo di arpeggio rivolto all'acuto con riprese al grave, in terzine, contemporaneamente ad elementi del primo tema all'orchestra; segue una ascesa cromatica per terzine da parte del solista (cfr. es. mus. 5); [155-166] alternanza dell'intervento del solista e i blocchi di note ribattute nell'orchestra (con l'elemento del trillo) [si noti l'emulazione della melodia mendelssohniana] (cfr. es. mus. 6);
	[226-262] sviluppi che uniscono il primo tema e il tema di transizione;	[167-188] sviluppi diversi da quelli di Mendelssohn, meno elaborati, condotti essenzialmente sul tema di transizione, con scrittura orchestrale meno elaborata;
	[262-298] *climax* ascendente verso la cadenza, con alternanza dell'orchestra e del solista (il cui motivo di accordo spezzato in arpeggio è legato al primo tema).	[189-197] *climax* ascendente verso la cadenza, con alternanza dell'orchestra e del solista (il motivo orchestrale di accordo spezzato in arpeggio è uguale al tema mendelssohniano).
Cadenza	[299-335]	[197-215]
	Le due cadenze hanno in comune le volate arpeggiate all'acuto e le figurazioni (quartine in Mendelssohn, sestine in Bottesini) saltellate, ma soprattutto la caratteristica di continuare durante la ripresa orchestrale (cfr. es. mus. 7).	
Ripresa	[335-351] Ripresa orchestrale del primo tema.	[215-230] Ripresa orchestrale del primo tema, con unisono degli archi (come in precedenza nella riesposizione).

	Mendelssohn	Bottesini
	[351-376] Tema di transizione.	[230-255] Tema di transizione.
	[377-413] Secondo tema in tonalità maggiore.	[256-286] Secondo tema in tonalità maggiore con una elaborazione culminante in una piccola cadenza.
Coda (lunga)	[414-457] Nell'orchestra elementi del primo tema, al solista figurazione di terzine. [458-473] Il solista in opposizione al tremolo orchestrale [con un motivo puntato attinente il tema].	[287-297] Nell'orchestra elementi del primo tema, al solista figurazione di terzine. [298-310] Il solista in opposizione al tremolo orchestrale [all'inizio un rallentamento in comune a Mendelssohn; anche i motivi puntati e il passaggio in tonalità minore sono in comune all'altra partitura].
	[472-492] Tema di transizione con crescendo concitato. [493-527] Figure di bravura del solista e formule cadenzali.	[311-323] Tema di transizione con crescendo concitato. [323-335] Figure di bravura del solista e formule cadenzali.

Dopo aver considerato tutti questi punti di connessione fra la composizione bottesiniana e il suo modello mendelssohniano, viene spontaneo domandarsi quale fu il motivo che spinse il contrabbassista a comporre un movimento di concerto con il chiaro intento di emulare l'opera del maestro tedesco. Con gli scarsi (per non dire nulli) riscontri documentari di cui possiamo tenere conto al momento, non è possibile far altro che avanzare delle ipotesi, molto diverse fra di loro.

Una prima ipotesi, che personalmente ritengo però non molto plausibile, immagina che Bottesini sia rimasto affascinato dal *Concerto* di Mendelssohn o da una sua particolare esecuzione: egli, di conseguenza, avrebbe pensato di scrivere un lavoro simile per il contrabbasso, vuoi per omaggio al musicista tedesco, vuoi per dotare il suo strumento di una composizione di pari effetto e potenziale successo.

Un'altra ipotesi tiene conto del fatto che Bottesini lavorò lunghi anni in Inghilterra, dove il mito di Mendelssohn si mantenne vivo per tutta la seconda metà del secolo scorso, poco intaccato dalle polemiche wagneriane e dall'atteggiamento antisemita di cui esse erano espressione. L'aver composto un movimento di concerto ad emulazione di Mendelssohn si configura così al tempo stesso come omaggio al compositore tedesco, ma anche come adesione al gusto estetico allora imperante, insieme con la necessità di creare per il repertorio concertistico un'opera che potesse garantire una accoglienza certa.

Una terza ipotesi prende in considerazione il gran numero di opere che Bottesini scrisse parafrasando lavori altrui oppure componendo "alla maniera di ...".[10] Anche in questo caso ci troviamo di fronte ad una consuetudine largamente in uso presso i compositori del secolo scorso, soprattutto per quanto riguarda le parafrasi di opere liriche, consuetudine che – ancora una volta – rispecchia precise esigenze di mercato: presentare a concerto la rielaborazione di un'aria celebre, di una romanza di successo, poteva assicurare un buona presa sul pubblico e quindi una buona riuscita del concerto. Ma sarebbe riduttivo limitare a questa considerazione tutte le opere di parafrasi di Bottesini, giacché esse sono anche segnale significativo di un suo preciso orientamento estetico: l'apprezzamento cioè di quegli autori romantici che si espressero nella forma più moderata, talora addirittura classicheggiante. Questa valutazione ci mette in luce il distacco di Bottesini dalle avanguardie a lui contemporanee, distacco che risulterebbe ancora più marcato, qualora la data di composizione di questo concerto fosse effettivamente da ascrivere al periodo tardo della sua vita.

È evidente, comunque, che una determinazione più esatta della data e delle circostanze di composizione dell'*Allegro di Concerto* potrebbero avvalorare o sminuire sensibilmente una delle tesi sopra esposte o, verosimilmente, farne affiorare di nuove. Solo un approfondimento della ricerca documentaria potrà fornirci, si spera, elementi ulteriori di valutazione. Parallelamente la prosecuzione dell'indagine musicale sulle altre composizioni di musica da camera potrà forse suggerire nuovi spunti di ricerca.

NOTE

[1] Cfr. ENRICO FAZIO, *Bottesini, i salotti privati e le società cameristiche e orchestrali italiane nel secondo '800*, «Nuova rivista musicale italiana», XIX (1985), n. 4, pp. 609-620 e GUIDO SALVETTI, *I quartetti di Beethoven nella 'rinascita strumentale italiana' dell'Ottocento*, «Analecta musicologica», XXII (1984), pp. 479-495.

[2] SERGIO MARTINOTTI, *Bottesini e la «misura» del Quartetto*, in *Giovanni Bottesini. Virtuoso del contrabbasso e compositore*, Milano, Nuove Edizioni, 1989, pp. 95-102.

[3] Per esempio, riferendosi proprio all'*Allegro di concerto alla Mendelssohn*, che sarà oggetto di analisi nelle pagine successive, Enrico Fazio rileva che «sono evidenti moduli sia melodici che armonici che richiamano il Mendelssohn del *Concerto* per violino» (ENRICO FAZIO, *Il contrabbassista e le composizioni per contrabbasso*, in *Giovanni Bottesini: 1821-1889*, a cura di Gaspare Nello Vetro, Parma, Centro studi e ricerche dell'amministrazione dell'Università, 1989, pp. 53-68: 61), senza però potersi soffermare sulla presentazione di detti moduli.

[4] Si vedano in questa stessa sede gli interventi di Flavio Arpini ed Antonio Delfino.

[5] Sotto questa segnatura si trova un quaderno da concerto che contiene le seguenti composizioni: *Fantasia sulla Beatrice di Tenda* (cc. 1-9), *Concerto di bravura* (cc. 10-20)*, Fantasia Cerrito* (cc. 20v-28), *Capriccio di bravura* (cc. 28v-34), *Elegie par Ernst* (cc. 34-37), ed infine il *Grande Allegro di Concerto* (cc. 38-48).

[6] Sotto questa segnatura si trova il *Bolero* in Sib (cc. 1-9r) e l'*Allegro di Concerto* (cc. 9v-21).

[7] La parte del violoncello ha segnatura CB.II.7.47659bis. Si noti che solo in queste parti c'è il titolo «Allegro di Concerto alla Mendelssohn» che richiama il musicista tedesco.

[8] Fazio, *Il contrabassista*, p. 61 scrive: «composizione tarda, tra le meno conosciute», ma non soggiunge in base a quali elementi deriva questa datazione, seppure approssimativa.

[9] La numerazione delle battute della composizione bottesiniana segue la versione più lunga, ossia quella in Mi minore per contrabbasso e pianoforte.

[10] Di questi ultimi lavori basti citare l'*Allegretto-Capriccio per violone à la Chopin* e l'*Aria di Bach*.

Es. mus. 1:

Giovanni Bottesini, *Allegro di concerto (alla Mendelssohn)*, bb. 1-9 [cfr. Felix Mendelssohn Bartholdy, *Concerto per violino e orchestra in Mi minore*, bb. 1-10]

Es. mus. 2:

Giovanni Bottesini, *Allegro di concerto (alla Mendelssohn)*, bb. 36-39 [cfr. Felix Mendelssohn Bartholdy, *Concerto per violino e orchestra in Mi minore*, bb. 25-47]

Es. mus. 3:

Giovanni Bottesini, *Allegro di concerto (alla Mendelssohn)*, bb. 67-75 (e analogamente poi bb. 79-81) [cfr. Felix Mendelssohn Bartholdy, *Concerto per violino e orchestra in Mi minore*, bb. 85-93]

Es. mus. 4:

Giovanni Bottesini, *Allegro di concerto (alla Mendelssohn)*, bb. 75-79 [cfr. Felix Mendelssohn Bartholdy, *Concerto per violino e orchestra in Mi minore*, bb. 97-113]

Es. mus. 5:

Giovanni Bottesini, *Allegro di concerto (alla Mendelssohn)*, bb. 139-155 [cfr. Felix Mendelssohn Bartholdy, *Concerto per violino e orchestra in Mi minore*, bb. 172-206]

Es. mus. 6:

Giovanni Bottesini, *Allegro di concerto (alla Mendelssohn)*, bb. 155-167 [cfr. Felix Mendelssohn Bartholdy, *Concerto per violino e orchestra in Mi minore*, bb. 208-226]

Es. mus. 7:

Giovanni Bottesini, *Allegro di concerto (alla Mendelssohn)*, bb. 209-223, [cfr. Felix Mendelssohn Bartholdy, *Concerto per violino e orchestra in Mi minore*, bb. 323-351]

FLAVIO ARPINI

I CONCERTI DI GIOVANNI BOTTESINI: PROBLEMI DELLA DEFINIZIONE DEL TESTO MUSICALE *

1. La situazione dei testimoni relativi alle composizioni conosciute come *Concerto* n. 1 *in Fa # minore* e *Concerto* n. 2 *in Si minore* di Giovanni Bottesini è riconducibile ad un insieme di otto manoscritti complessivi, cioè di quattro manoscritti per entrambi i concerti, tutti conservati nella Sezione musicale della Biblioteca Palatina di Parma presso il locale Conservatorio: di ogni concerto i manoscritti recano due versioni, per contrabbasso e pianoforte e per contrabbasso e orchestra, in duplice tonalità a distanza semitonale l'una dall'altra, dunque in Fa # minore, ma anche in Sol minore, in Si minore, ma anche in Do minore. In particolare per il primo sono interessati i manoscritti contrassegnati dalle segnature di collocazione CB.II.7-47639 (contrabbasso e orchestra in Fa # minore) e CB.II.6-25692-713 (contrabbasso e orchestra in Sol minore), CB.II.3-47533 (contrabbasso e pianoforte in Fa # minore) e CB.II.6-25757 (contrabbasso e pianoforte in Sol minore); e per il secondo i manoscritti CB.II.4-47601 (contrabbasso e orchestra in Si minore), CB.II.4-47596-600 (contrabbasso e orchestra d'archi in Do minore), Ψ.I.5-47537 (contrabbasso e pianoforte in Si minore) e CB.II.6-25759 (contrabbasso e pianoforte in Do minore).

I testimoni registrano varianti, sia essenziali (cioè riferite alle scelte diastematiche e metriche, ovvero altezza e durata dei suoni), seppure in misura contenuta, sia quelle, numericamente rilevanti, relative agli elementi non essenziali del testo (fraseggio, dinamica, segni espressivi).[1] Le due categorie qui implicate, vale a dire gli elementi essenziali e non essenziali del testo, non si debbono ovviamente interpretare con un diverso ordine di importanza, poiché alla definizione del testo, in un caso come quello di Bottesini, un virtuoso compositore che intreccia la viva pratica alla composizione con una continua opera di rielaborazione e riflessione frutto della sperimentazione esecutiva, concorrono entrambi gli aspetti, avendo il testo la possibilità di mutare le diverse modalità esecutive di volta in volta fissate dall'Autore proprio nell'ambito degli elementi non essenziali.

D'altro canto si pone il problema della autografia dei testimoni, poiché nel caso di manoscritti apografi saremmo in presenza di varianti di tradizione, in caso contrario, cioè con manoscritti autografi, si tratterebbe invece di varianti d'autore.

2. Nel caso del *Concerto in Si minore*, o *Concertino in Do minore*, siamo in presenza di varianti d'autore: i quattro manoscritti, autografi, propongono infatti quattro versioni d'autore. La doppia titolazione, *Concerto* e *Concertino*, è vergata da Bottesini in modo distinto a seconda dell'organico coinvolto: *Concerto* nel caso di contrabbasso e pianoforte, *Concertino* in caso di contrabbasso e orchestra.

Dei quattro testimoni, uno, quello della versione orchestrale in Si minore (ms. CB.II.4-47601), è limitato al solo I movimento e, forse proprio a causa della mancanza del II e del III movimento, non è stato segnalato sinora quale testimone per il *Concerto* in questione, ed invece è stato indicato come manoscritto autografo a sé stante, come se si trattasse di un'altra composizione.[2]

Sinora, quasi concordemente,[3] l'autografia è stata accettata per il manoscritto recante la versione in Do minore con orchestra d'archi (ms. CB.II.4-47596-600). A mio avviso, gli elementi che distinguono la grafia di quel testimone si ritrovano in realtà anche negli altri manoscritti in questione;[4] inoltre un raffronto con testimoni manoscritti di altre composizioni bottesiniane permette di completare il quadro degli elementi grafici coinvolti. Il raffronto con i manoscritti dei *Quintetti* in Fa maggiore ed in La maggiore, nonché con il *Quartetto* in Mib maggiore dedicato a Paul Rotondo, datati rispettivamente 1888 e 1864 ci induce a ritenere alcuni tratti della scrittura bottesiniana rilevata nel *Concerto - Concertino* più prossimi alla grafia degli ultimi anni del compositore, anche se, d'altro canto, l'abbreviazione «po.» [*id est* piano], accanto ad altri tratti di scrittura, è ravvisabile anche nel manoscritto datato 1864.[5]

Di indubbia mano d'autore sono alcuni elementi costanti che ci possono aiutare nella determinazione di quei tratti che, con la loro unitaria presenza, ci permettono di ascrivere la grafia del manoscritto interrogato all'autografo. Si tratta delle chiavi musicali ottenute con lo stesso movimento; delle alterazioni – fra le quali si noti soprattutto il bequadro ottenuto in modo caratteristico in due tratti –; delle gambe delle note, alla destra o alla sinistra della testa della nota in relazione al valore e alla dislocazione diastematica della stessa sul pentagramma, o al fatto che sia da sola o in gruppo, o in relazione all'episodio; delle forcelle, con i tratti frequentemente sovrapposti in fase iniziale e finale; delle indicazioni dinamiche ed espressive per esteso – «f.», «fe.», per'forte, «cres.» per *cresc.*, «dim.», «dim.do» per *diminuendo*, le scritte per esteso «forte», «crescendo», «solo», «espressivo», etc. – per i quali elementi rimandiamo per una sommaria visione in questa sede alle tavole 1, 2, 3, 4 qui accluse.

È indubbio che la grafia bottesiniana conosca delle oscillazioni e delle variazioni che, nel caso dei manoscritti poco sopra citati, cioè il *Quartetto* del 1864 e i due *Quintetti* del 1888, sono da imputare al lasso di tempo che separa la diversa stesura degli stessi, ma esse peraltro sono ammissibili poiché una certa variabilità nella scrittura è ipotizzabile pur restando nell'ambito dell'autografia.

In effetti, a mio avviso, le diversità di grafia fra le due versioni del *Concertino*, cioè i due manoscritti con la versione orchestrale in Si minore e Do minore, e le due versioni del *Concerto*, vale a dire la versione con pianoforte in Si minore e Do minore, sono in realtà in gran parte dovute al modulo della scrittura più o meno ampio, a sua volta condizionato dalla carta utilizzata: l'intento calligrafico ravvisabile nei manoscritti Ψ.I.5-47537 e CB.II.6-25759 non nega comunque i tratti caratteristici della scrittura di Bottesini.

Sulla presenza dell'intento calligrafico, che si esplicita in una sorta di parziale irrigidimento del tratto, si potrebbe avanzare l'ipotesi di lavoro che esso sia dovuto alla necessità di estrema chiarezza per un eventuale accompagnatore al pianoforte; questa ipotesi si potrebbe associare anche alla presenza delle chiavi musicali ad ogni sistema nei soli due manoscritti con la versione pianistica, e alla loro assenza, dopo l'attacco iniziale, nelle versioni orchestrali, sebbene il diverso comportamento dell'Autore nei confronti delle chiavi si ritrovi anche in altri manoscritti bottesiniani con diversa situazione d'organico. La modalità di segnare le chiavi solo all'inizio del brano si ritrova infatti nel *Quartetto* in Mi minore,[6] ma non nei *Quintetti* in Fa e La maggiore già citati, nei quali Bottesini riporta le chiavi metodicamente all'inizio di ogni sistema, e dunque si può reputare tale oscillazione come uno degli elementi riconducibili ad uno stile personale di scrittura.

Val la pena ricordare come già Carlo Michele Caputo, bibliotecario della sezione musicale della Biblioteca Palatina presso il Conservatorio di Parma dal 1891 alla morte del compositore, ritenne autografi i manoscritti ora citati relativi al *Concerto - Concertino*, stabilendo la corretta correlazione fra i quattro testimoni, allorché egli redasse, distinguendo i manoscritti autografi dalle copie, un *Catalogo della musica autografa, manoscritta, stampata e dei libri, trovati in casa del defunto Comm. Giovanni Bottesini.*[7]

3. La segnatura di collocazione CB.II.4-47596-600 è relativa alla partitura manoscritta del «Concertino in do minore per Contrabasso» e alle quattro parti separate manoscritte di violino primo, violino secondo, viola, violoncello e basso. Il manoscritto della partitura, di 233x306 mm, è composto da 19 carte, ed il numero dei pentagrammi delle stesse, che è in parte 20 ed in parte 16 per carta, denuncia due supporti cartacei diversi, resi omogenei nelle dimensioni da un intervento dell'autore sui fogli originari.

Le parti separate di violino secondo e di viola sono di 4 carte ciascuna, quella di violino primo è di 6 carte, la parte del violoncello e basso è di 8 carte. Le parti di violino secondo, viola, violoncello e basso, sono tutte copie, e dunque andranno prese in considerazione in relazione al percorso inerente alla storia della esecuzione di questo testo, e non per la definizione dello stesso da parte dell'Autore. La parte del violino primo, che sembrerebbe da ricondurre alla grafia dell'Autore quale si configura nel manoscritto della versione in Do minore con pianoforte, sarà invece da prendere in considerazione quale testimone del passaggio dalla versione *Concertino* in Do minore a *Concerto* in Do minore (il quale, come vedremo, è posteriore), attraverso le esecuzioni di una versione intermedia che allo stato attuale non è dato di conoscere. Il testo conferma sostanzialmente ciò che risulta vergato nella partitura del *Concertino*, con taluni diversi interventi per quanto attiene alle legature. Sarà perciò da prendere in considerazione come testimonianza di un passaggio esecutivo intermedio che vide probabilmente impegnato lo stesso compositore, ma non risulta pertinente per la definizione del testo delle quattro versioni redatte nei manoscritti di cui ci occupiamo.

Il manoscritto CB.II.4-47601, di 364x275 mm, con 12 pentagrammi per carta, «Concertino per Contrabasso/I° Tempo», in Si minore consta di 14 carte.

Il manoscritto CB.II.6-25759 comprende tre fascicoli rispettivamente di 6 carte, di 342x265 mm, con 12 pentagrammi per carta, recante la scritta «I° Tempo/ 2.° Concerto Contrabasso»; 4 carte, di 362x272 mm, con 12 pentagrammi per carta, «Andante 2do Concerto in La. b. magg.»; 8 carte, di 330x239 mm, con 12 pentagrammi per carta, «3° Tempo/Finale/ 2do Concerto/ in Do minore».

Il manoscritto Ψ.I.5-47537, comprende anch'esso tre fascicoli, rispettivamente composti da 8 carte, di 235x295-300 mm, con 13 pentagrammi per carta, dal titolo «I° Tempo./Concerto [in] Si minore»; 4 carte, di 229x294-297 mm, con 16 pentagrammi per carta, «Andante./ Seguito del Concerto in Si minore»; 8 carte, di 362x272 mm, con 12 pentagrammi per carta, «Finale/ 2do Concerto».

Diversamente da quanto accade per il *Concerto* in Fa # minore, in questo caso i manoscritti non recano nessuna indicazione esplicita dell'Autore circa un possibile termine da prendere in considerazione per la sua datazione; l'unico indizio in tal senso è la numerazione «2ᵈᵒ» vergata sul terzo fascicolo della versione in Si minore e sui tre fascicoli della versione in Do minore, entrambe per contrabbasso e pianoforte. Un elemento da porre in relazione a tale indicazione numerica ci proviene dalle cronache: nel 1857 è segnalata l'esecuzione di un *Concertino* per contrabbasso da parte di Bottesini a Parigi, ma l'assenza della tonalità della composizione ne inficia l'identificazione. Con la stessa dicitura, *Concertino*, è data la notizia di un'esecuzione avvenuta nel 1853 a Londra, ma si tratta di un'opera in Fa # minore,ˣ probabilmente da contestualizzare in un altro percorso rielaborativo che doveva interessare il *Concerto* in Fa # minore. Dunque possiamo, allo stato attuale degli studi, solo avanzare l'ipotesi di lavoro, tutta da verificare, di una prima formulazione del *Concerto - Concertino* da situarsi probabilmente intorno al 1857, qualche anno dopo la formulazione del *primo Concerto* per contrabbasso, versione definita nelle redazioni con pianoforte come *secondo Concerto*.

Se tale percorso dovrà essere ripreso in futuro per altre vie, qualche elemento interessante circa un percorso diacronico circoscritto ai quattro testimoni è rivelato dall'osservazione delle carte che li compongono e delle lezioni che li distinguono.

3.1 Il *Concertino* in Do minore per contrabbasso e orchestra d'archi è vergato sul ms. CB.II.4-47596-600, composto da nove fascicoli, ciascuno dei quali è formato da un bifolio: le dimensioni ed il bordo denunciano che ogni fascicolo-bifolio è stato ottenuto dividendo un foglio originale di dimensioni doppie rispetto a quelle utilizzate per codesta composizione. Dei nove fascicoli, cioè delle due carte dei bifolii, contrassegnati dall'Autore, in alto a sinistra, con un numero progressivo, il numero «6» contiene una ulteriore carta, incollata al centro del bifolio. In tal modo si hanno 19 carte che corrispondono alle 38 pagine del recente intervento di paginazione, effettuato in matita sino al numero 36.

In realtà i bifolii contrassegnati con i numeri 7, 8, 9 sono diversi dai precedenti per colore della carta, colore delle rigature, numero dei pentagrammi, che dai 16 precedenti passano a 20 (cfr. la tav. n. 5); inoltre si rileva come il frontespizio del fascicolo, ovvero la carta 1, sulla quale compare la titolazione originale, è in realtà il secondo foglio del bifolio contrassegnato con il numero 9, rigirato all'uopo per divenire in tal modo da ultima carta la prima (cfr. la tav. n. 6).

Il dato interessante proviene dal raffronto tra i fascicoli interni di questo manoscritto, quelli contrassegnati dai numeri dall'1 al 6, cioè dalla c. 2r alla c. 14v, ed i bifolii che compongono il secondo fascicolo del ms. Ψ.I.5-47537, cioè quello relativo al II tempo nella versione per contrabbasso e pianoforte in Si minore (cfr. tav. n. 4 e tav. n. 7). Il numero dei pentagrammi, il tipo di rigatura, i colori e le dimensioni sono gli stessi. Si dovrà notare che il primo fascicolo del ms. Ψ.I.5-47537 differisce dal secondo solo per le diverse dimensioni dei pentagrammi,[9] inoltre presenta una scritta in filigrana – «MILANI» – che si ritrova anche sul bifolio contrassegnato dal numero 6 della partitura orchestrale, precisamente fra le due carte originarie del bifolio fra le quali è stata incollata la carta aggiuntiva già citata.

Dunque se il secondo fascicolo del ms. Ψ.I.5-47537 rivela lo stesso supporto cartaceo dei bifolii contrassegnati dall'1 al 6 del ms. CB.II.4-47596-600, proprio il bifolio contrassegnato dalla cifra «6» di quest'ultimo manoscritto rivela la scritta in filigrana che si può leggere anche sul primo fascicolo del ms. Ψ.I.5-47537.

Dobbiamo ora considerare cosa contengono i diversi supporti cartacei sui quali mi sono soffermato. Il I tempo del *Concerto* in Si minore [10] è redatto sulla carta contraddistinta dalla filigrana «MILANI», dalle caratteristiche di colore della carta e degli inchiostri coincidenti con il fascicolo che ospiterà il II tempo; il supporto cartaceo utilizzato per la stesura del I, II, e parte del III tempo del *Concertino* in Do minore rivela le medesime caratteristiche del secondo fascicolo della versione in Si minore per pianoforte, e la filigrana «MILANI», la stessa del primo fascicolo di quella versione. Se consideriamo che, dei due manoscritti, è quello relativo alla versione orchestrale a subire una interruzione cartacea alla b. 66 del III tempo per proseguire dalla b. 67 in poi su un diverso supporto cartaceo, dovremo ritenere che l'Autore, dopo aver completato i primi due fascicoli della versione in Si minore per contrabbasso e pianoforte, si sia rivolto, con il medesimo tipo di carta, ed in particolare proprio quella del secondo fascicolo, cioè del II tempo del *Concerto* in Si minore, alla stesura della versione orchestrale, cioè del *Concertino* in Do minore, carta che la filigrana «MILANI» ci indica provenire dalla stessa partita a cui appartenevano sia il primo che il secondo fascicolo della precedente versione. Inoltre, dopo aver terminato quel tipo di carta, Bottesini dovette utilizzare una carta di tipo diverso per proseguire e concludere la stesura del III tempo, il Finale.

3.2 Il III tempo del *Concerto* in Si minore con pianoforte è redatto su un tipo di carta del tutto diversa rispetto a quelle sinora considerate, per dimensioni, per composizione, spessore, colore, colore degli inchiostri e numero dei pentagrammi.

Un dato di indubbio interesse ci proviene dal raffronto delle lezioni dell'ultimo tempo delle due versioni in oggetto, ed in particolare dalla osservazione dei tratti che accompagnano taluni passaggi della versione in Si minore per pianoforte. Se prendiamo in esame, ad esempio, ciò che avviene alle battute 20, 28, 34-35, 37-38, 38-39, 134-135, ci rendiamo conto che l'Autore, dopo aver ripreso in un primo tempo le indicazioni della versione in Do minore, vale a dire, per lo più, due note, l'ultima di una battuta e la prima della battuta successiva, non legate fra loro, ed anzi talora date con indicazione di staccato, rilegge in modo diverso quei passaggi, unendo le due note con un tratto di legatura; il fatto che si passi dallo staccato alla legatura ci conferma che quest'ultima deve necessariamente essere stata stesa successivamente: due punti si possono legare sovrapponendo un tratto di legatura, il contrario non è possibile se non cancellando vistosamente la legatura stessa. Inoltre, talune indicazioni dinamiche della parte del pianoforte, ed in particolare quelle relative a note lunghe, si possono leggere quale derivazione di una indicazione dinamica posta sulla carta da chi aveva ancora negli occhi le indicazioni dinamiche orchestrali: una variazione dinamica riferita ad una nota di valore ampio per un arco è ben più incisiva della stessa da eseguirsi con un pianoforte (si vedano ad esempio le bb. 30, 52, 162, 188).[11]

Dunque Bottesini stese dapprima il III tempo nella versione orchestrale *Concertino* in Do minore e poi, successivamente, su un diverso supporto cartaceo, redasse la versione pianistica dello stesso in Si minore, dapprima accogliendo *in toto* quanto aveva formulato, e poi fissando in alcuni punti taluni ripensamenti.

3.3 L'osservazione dei supporti cartacei e delle lezioni che trovano su di esse ospitalità ci porta dunque a ritenere che i due manoscritti Ψ.I.5-47537 e CB.II.4-47596-600 intrecciarono le loro vicende diacroniche in un modo singolare: prima l'Autore stese il I ed il II tempo nel ms. Ψ.I.5-47537, successivamente completò la versione orchestrale sul ms. CB.II.4-47596-600, scandendo in due supporti cartacei la sua opera, I, II e prima parte del III tempo e di seguito la parte rimanente del III tempo; quest'ultimo movimento formulato dapprima nella versione orchestale doveva essere poi redatto e rivisto nella versione pianistica sull'ultimo fascicolo del ms. Ψ.I.5-47537.

3.4 Così come i primi due testimoni della composizione sinora considerati sono legati da una trama di rapporti connessi ad una prima fase progettuale del *Concerto - Concertino*, analogamente sembrerebbero intrecciarsi le vicende degli altri due testimoni della composizione, il ms. CB.II.6-25759 ed il ms. CB.II.4-47601, in una successiva fase rielaborativa, pur incompleta nelle testimonianze a nostra disposizione.

D'altro canto, la lezione della versione per contrabbasso e pianoforte in Do minore rivela legami con i due precedenti testimoni, ed evidenzia la conoscenza di entrambi da parte di chi redasse tale manoscritto: potremmo ben dire che l'Autore divenne copista di se stesso. Si possono infatti leggere passi derivati chiaramente ora dall'una ora dall'altra versione, quando non formulati unendo le due precedenti possibilità.[12] L'ipotesi più plausibile è che il manoscritto servisse per una successiva fase rielaborativa testimoniata dal solo I tempo, incompleto nelle sue parti, del *Concertino* in Si minore.[13]

Esemplare in questo senso è il caso della b. 101 della parte solistica, che presenta quattro diverse soluzioni, denunciando un punto particolarmente sensibile per Bottesini. La prima soluzione del passaggio, fissata in Si minore con pianoforte, si distingue nettamente dalle altre tre che, invece, sono l'una in stretto rapporto all'altra. Bottesini, dopo aver formulato la prima versione, fissò quella in Do minore con orchestra d'archi, che doveva probabilmente incontrare maggiormente il suo favore. È evidente, infatti, che la volatina delle versioni in Do minore con pianoforte e in Si minore con orchestra deriva da quella innovativa fissata per la prima volta nella versione in Do minore con orchestra d'archi. Ma i due successivi ripensamenti recano con sé degli errori metrici: nella versione in Do minore con pianoforte si ripetono le note della volatina in Do minore orchestrale escludendone però una, la penultima, e ciò induce a ritenere che il passaggio sia da integrare, correggendolo, con una linea che fissi il valore in biscrome e semibiscrome, ripercorrendo l'attacco della precedente versione, ma replicandone la scansione metrica in due tornate; nella versione in Si minore orchestrale cadono anche le sussessive crome delle due versioni precedenti ed il passaggio viene dunque riproposto in aumentazione, perciò si deve correggere la prima biscroma, delle due arcate in cui risulta scisso il passaggio, in semicroma.Tali imprecisioni, a mio avviso, indicano come l'Autore fosse ancora alla ricerca di una soluzione per quel passaggio e che le versioni prefigurate, proprio con quel margine di incertezza espositiva, nei manoscritti CB.II.6-25759, la versione in Do minore con pianoforte, e CB.II.4-47601, la versione orchestrale in Si minore, altro non siano che momenti di ripensamento per una versione che per ora non è dato leggere.

3.5 Il quadro delle varianti d'autore che si vengono così a precisare da una versione all'altra è quanto mai complesso: a fronte di 18 casi relativi ad elementi essenziali del testo – I tempo, bb. 29, 31, 51, 61, 72, 96, 100, 101, 107, 119; II tempo, bb.19, 23; III tempo, bb. 38, 138, 152, 168, 187, 189 – si registrano circa 227 casi, su 440 batttute complessive, relativi ad elementi non essenziali. Si evidenziano situazioni di convergenza e divergenza fra i diversi testimoni con tutta la casistica combinatoria possibile, dal testimone singolo in disaccordo con gli altri, ad una divergenza totale, ad una convergenza in nome d'organico piuttosto che di tonalità.

È evidente che, allo stato attuale degli studi, mancano due elementi che avrebbero aiutato a comprendere il tragitto elaborativo del compositore: gli schizzi preparatori, o gli abbozzi, che dovettero ad un certo punto esistere – secondo una prassi testimoniata per altre composizioni bottesiniane –, sia una 'versione ultima' d'autore.[14] I manoscritti pervenutici attestano due fasi elaborative del Concerto - Concertino, giunte ad uno stadio di definizione abbastanza codificato in un caso, ed incompleto nell'altro; ciò che possiamo comunque leggere ci rende testimonianza del procedere compositivo bottesiniano, e ci permette di rilevarne la complessità.

D'altro canto, la prospettiva diacronica emersa consente di vedere le oscillazioni nel dettato bottesiniano, cogliendone le costanze, le persistenze e le innovazioni di fronte a situazioni per le quali, evidentemente, l'Autore nutriva una particolare attenzione.

Si veda, ad esempio, il caso delle crome disposte fra le battute 7 e 8 del I tempo nella parte del contrabbasso solista. Da una prima arcata complessiva che unisce gli ottavi della battuta 7 con quelli della battuta 8 nel Concerto in Si minore con pianoforte, il compositore, nella partitura per orchestra in Do minore, aggiunge due punti ai primi due ottavi della serie per distinguerli ulteriormente dagli altri, e spezza in due l'arcata sui rimanenti ottavi della battuta 7 e 8. Nella versione pianistica in Do minore l'Autore ritorna sui suoi passi reintegrando in parte, ché mantiene le note staccate della formulazione orchestrale nella stessa tonalità, l'arcata della versione pianistica in Si minore (infatti i rimanenti ottavi, suddivisi fra le battute 7 e 8, vengono riuniti in un'unica arcata). Nella incompleta versione per orchestra in Si minore, che è da ritenere l'ultima, il compositore richiama la prima enunciazione data, quella per contrabbasso e pianoforte nella medesima tonalità, ma pur reintegrando ora i primi due ottavi, cassando i punti aggiunti e reinserendoli nella arcata di battuta 7, mantiene un ricordo dell'esperienza effettuata nelle versioni in Do minore per orchestra staccando in un'arcata a sè i tre ottavi della battuta 8 .

La lettura comparata delle quattro versioni, che divengono ovviamente tre per il II e III tempo, permette di trarre dalla diacronia interna una direzione delle volontà dell'autore, che vivifica la conoscenza del percorso rielaborativo.

Certamente le singole situazioni e la loro soluzione sono da leggersi nel contesto della versione particolare di appartenenza, e dunque in relazione all'organico ed alla tonalità di volta in volta considerati. È ovvio, infatti, che il senso di una lettura comparata complessiva delle diverse versioni non sia quello di una contaminazione data dalla somma delle stesse, con la creazione di un manoscritto inesistente, secondo i rischi di una filologia stigmatizzata a suo tempo da Joseph Bédier;[15] in realtà, si deve apprezzare la ricchezza delle situazioni che caratterizzano le singole versioni e la problematicità del loro autore di fronte ad esse, trovando il lettore nella lettura comparata di quanto rimasto un ausilio per avvicinare quell'idea progettuale che doveva evidentemente, come emerge dallo stato testimoniale sinora conservato, conoscere una oscillazione nella fissazione del testo da parte di Bottesini.

4.   Affidato a manoscritti in parte autografi ed in parte apografi è invece il testo del *Concerto* in Fa # minore, in questo caso il percorso di definizione del testo implica anche la considerazione di varianti di tradizione.

Il manoscritto della versione orchestrale in Fa # minore è stato più volte citato poiché contiene una annotazione autografa dell'autore che ne fissa il luogo e il termine della stesura: «Lausanne 14 Maggio 1878./Baden. Baden. 18 Giugno. Cattive acque» (cfr. tav. n. 8).

La mano che ha redatto la versione con orchestra in Sol minore conservata a Parma potrebbe non essere quella dell'autore ma, come già segnalò Thomas Martin, una mano di copista coevo; di diverso avviso è però Gaspare Nello Vetro che riconosce in essa la mano di Bottesini. Il problema è pertanto da approfondire ulteriormente (cfr. tav. n. 9).

La versione con pianoforte in Fa # minore è invece senza dubbio una copia (cfr. tav. n.10); invece di mano autografa parrebbe essere la versione pianistica in Sol minore (cfr. tav. n.11).

4.1 Per cogliere la complessità che accompagna il testo di questo *Concerto*, basteranno solo alcune osservazioni, che sintetizzo qui per brevità.

La versione pianistica in Fa # minore lascia cadere nelle prime battute un ritmo accennato dagli archi sull'entrata del 1° tema al violoncello. D'altronde la stessa soluzione che, per invero, semplifica il dettato si legge anche nella versione con pianoforte in Sol minore.

In quel punto iniziale questo manoscritto reca una annotazione – «sensibile» – che si ritrova anche nella versione orchestrale in Fa # minore laddove entra il violoncello; tale indicazione si tramuta invece nella versione con orchestra in Sol minore in «solo/ marcato». La copia del *Concerto* nella versione con pianoforte in Fa # minore in questo punto non riporta nulla, come abbiamo già detto, solo semplifica l'attacco ritmico delle parti.

Dunque si potrebbe avanzare l'ipotesi di un legame privilegiato fra la versione con pianoforte in Sol minore e la versione orchestrale in Fa # minore, analogamente a quanto abbiamo visto accadere nel precedente concerto.

Ma ulteriori osservazioni pongono in altra prospettiva la questione dei rapporti fra i quattro manoscritti di questo *Concerto*.

Nell'autografo, quello con orchestra in Fa # minore, nell'Andante – il II movimento del *Concerto* – ad un certo punto si trova «Religioso», indicazione inesistente nella (forse) copia orchestrale in Sol minore; l'indicazione è tramutata in «grandioso» nella versione con pianoforte in Sol minore che, abbiamo visto, potrebbe anche essere autografa. Nella copia in Fa # minore per contrabbasso e pianoforte si riporta la sola forcella (con significato di crescendo) già accennata in quel punto nella partitura orchestrale autografa nella stessa tonalità.

Dunque qui le versioni in Sol minore, l'una tacendo e l'altra mutando radicalmente, divergono non solo fra di loro ma anche, entrambe, dall'autografo in Fa # minore, mentre sembrerebbe seguire la versione autografa la sola copia nella stessa tonalità.

Alcune indicazioni divergenti saranno da ascrivere alla tradizione del testo, e se ne dovrà riconoscere il legame con la storia dell'esecuzione di questo *Concerto*, essendo riconducibili alle scelte del copista legate alle diverse esecuzioni che nel tempo si sono sovrapposte; altre, invece, saranno d'Autore. Per la ricostruzione dei tragitti percorsi da questo testo musicale, oltre che il riconoscimento dell'autografia dei manoscritti, sarà comunque determinante la datazione ed il problema diacronico ad esso connesso.

4.2 Nel 1841 si ebbe un *Gran concerto* per contrabbasso, e nel 1853 un *Concertino in Fa # minore* per contrabbasso. La dizione conosciuta dai manoscritti parmensi riserva quest'ultima –'Concertino'– per quello in Si minore mentre a quello in Fa # minore assegna il termine 'Concerto'. Non essendoci altri concerti per contrabbasso oltre ai due oggetto delle presenti note, escludendo quelli con altri elementi nella titolazione, potremmo ritenere che entrambe le occasioni sopra ricordate, quella del 1841 e del 1853, riprendessero la presentazione del materiale compositivo confluito in seguito nell'attuale *Concerto* in Fa # minore. In tal senso anche la mancanza della numerazione apposta a codesto concerto potrebbe essere interpretata come segnale dell'incertezza nella definizione finale di quello che inizialmente oscillante fra *Gran concerto* e *Concertino* doveva essere terminato, come *Concerto*, solo nel 1878. Considerando il ripensamento profondo a cui talvolta Bottesini sottopose il proprio materiale compositivo, potremmo infatti essere tentati di percorrere una suggestiva ipotesi: andrà verificato se ciò che è giunto sino a noi nel manoscritto parmense datato 1878 non sia lo stesso 'Concerto' eseguito nel 1853 e presagito in quello del 1841, e perciò se il manoscritto vergato nel 1878 non rappresenti in realtà la fissazione dell'ultimo stadio a cui giunse il *Concerto* in Fa # minore.

Sulla plausibilità di codesta ipotesi potranno incidere le diverse stratificazioni che, sovrappostesi nel tempo, si riusciranno eventualmente ad isolare: per quanto ardua sia tale ipotesi di lavoro, a mio avviso, nel caso di un autore come Bottesini, essa è da prendere in esame, se non altro per poterla decisamente accantonare.

5. In entrambi i *Concerti* qui trattati, come del resto avviene in altri brani del compositore cremasco, le tonalità prescritte sono due, a distanza semitonale l'una dall'altra. Che si tratti di una trascrizione operata dall'Autore in relazione ad un supposto sistema di scordatura [16] per il quale debba poi trasporsi il testo per comodità, cioè in buona sostanza ciò che si verifica oggigiorno per i contrabbassisti nel caso di accordatura di virtuoso solista, è smentito dal fatto che in tutti i casi gli strumenti deputati all'esecuzione con il solista sono scritti nella medesima tonalità del solista. Inoltre, come lo stesso autore a chiare lettere scrisse nel proprio *Metodo di contrabbasso*, [17] Bottesini non amò mai scrivere in modo trasposto, cioè lontano dall'altezza reale dello strumento. Dopo aver rammentato infatti che il «trasporto d'un ottava al di sopra del suono reale venne generalmente adottato» [per] «scemare un numero troppo grande di tagli sotto il rigo» afferma che nella «prima parte di questo Metodo noi abbiamo parimente seguito quest'uso, ma nella seconda [*id est* quella dedicata al contrabbasso solista] scriviamo la nota al suo posto giusto: i vantaggi di questo nostro

procedere si vedranno in pratica».[18] Ed in apertura della *Parte seconda*, alla p. 94, intitolata «Del contrabbasso studiato come strumento solista», dichiara: «Come abbiamo detto al principio di questo Metodo noi ci serviremo in questa seconda parte di note scritte senza far trasposizione all'ottava superiore», e motiva così la scelta espressa: «Questo sistema, che non fu mai in uso, toglie uno dei più gravi inconvenienti qual è quello di servirsi di più chiavi che adoperate male a proposito complicano le difficoltà d'una buona interpretazione confondendo il suonatore ed occasionando pur anco equivoci. Il perché, scrivendo la nota nel giusto e vero suo luogo, quantunque al Contrabasso qui trattato come strumento solista venga data un'assai grande estensione, noi non avremo bisogno se non se di due Chiavi, quella cioè di Violino e l'altra di cui ci siamo serviti fino ad ora [*id est* di Fa o di basso]. Ciò premesso, noi diamo qui l'estensione che abbiamo potuto ottenere dal Contrabasso nella nostra qualità di solisti», segue un esempio musicale con pentagramma dove l'estensione delle note è situata nell'ambito La_0 - Sol_5.

5.1 Alla luce di quanto emerso si potrà notare come le edizioni sinora disponibili si comportino in modo quanto mai difforme, vediamo alcuni esempi.[19]

Per quanto riguarda il caso del *Concerto* in Si minore, o *Concertino* in Do minore, l'edizione Doblinger del 1969, curata da Rudolf Malaric, titola *Concerto n. 2 in h moll* e non dichiara a quale manoscritto si rifaccia, ma la parte del solista proviene in gran parte dalla versione orchestrale in Do minore (CB.II.4-47596-600), cioè dal *Concertino* in Do minore con orchestra d'archi; per la parte pianistica, però, l'edizione si affida all'intervento del curatore che inserisce, subito in apertura, otto battute dovute solo alla sua penna, e non a quella di Bottesini.

Datata 1982 è la prefazione all'edizione della International Music Company di New York City del 1985, a nome di Lucio Buccarella, il quale toglie autorità d'autografo ai manoscritti parmensi «in b minor (with piano)» e «in the higher key of c minor (with string orchestra)», le sole «two different sources of this concerto» e supera il problema della titolazione *Concertino* non menzionandola; il titolo risulta essere *Concerto in b minor for String Bass and Piano*. Il revisore avoca a sé la soluzione finale circa il problema delle «completely different phrasing, bowings and dynamic signs, often in open contrast, in the two manuscript». Infatti, postosi il problema «Did Bottesini himself make all these changes, and, if yes, which has to be considered the amended version?», ne dà in tal modo la soluzione: «The result of this editing is an attempt to compound and solve the mentioned question with the aim of giving the modern bassist a faithful, "trouble-free" version of one of the most important and beautiful concertos of our literatur". Non è esplicitato in che modo si sia giunti alla soluzione; di fatto le legature seguono ora l'una versione ora l'altra, ora nessuna delle due.

Del 1990 è l'edizione delle Nuove Consonanze di Milano, il cui curatore Umberto Ferrari dichiara di aver seguito il ms. CB.II.447596 (*recte* CB.II.4–47596-600) che reca il titolo «Concertino in Do minore per Contrabbasso e orchestra d'archi», ma avendolo «trascritto un tono sopra, nel rispetto di una consuetudine ormai consolidata in esecuzioni concertistiche». Il titolo di tale edizione, però, risulta essere *Concertino in Si minore per Contrabbasso e orchestra d'archi*, senza che per questo ci sia un riferimento al manoscritto parmense CB.II.4–47601, quello effettivamente in Si minore, ma con orchestra completa di fiati. Le legature ed i segni espressivi non sono quelli di Bottesini, ma, tacitamente, del curatore.

Al 1981 risale l'edizione Yorke. Il curatore, Rodney Slatford, si perita di informare il lettore che «The present edition is based on the autograph full score in C minor (Parma 47596 [*sic*]) titled 'Concertino in do min/ per Contrabasso/ G Bottesini'» ma titola l'edizione *Concerto no. 2 in A minor for double bass and piano*, a causa della trasposizione operata per risolvere i problemi di esecuzione di questo *Concerto* con l'accordatura moderna solistica. In realtà operando in tal modo, cioè innalzando di una sesta il testo scritto, l'esecuzione risulta essere negli ambiti di altezza reale richiesta dal compositore, avvicinandosi più delle altre edizioni alla soluzione del problema. Rimane però fermo il fatto che si esegue in Si minore una versione scritta in Do minore, anziché utilizzare la versione prescritta dall'Autore stesso in Si minore. L'edizione Yorke, infatti, segue anch'essa il manoscritto parmense del *Concertino* in do minore, pur con qualche svista, ed avendo operato una ulteriore trasposizione «has necessitated a few slight adjustments in the violin and viola parts although Bottesini's phrasing and dynamic marking have been scrupulously observed». La parte pianistica acclusa al fascicolo per pianoforte e contrabbasso, invece, nonostante gli sforzi di Bottesini sia in Do minore che in Si minore in tal senso, è stata affidata ad un moderno revisore, Clive Pollard.

Per il *Concerto* in Fa # minore basterà in questa sede notare come in una edizione del primo-novecento (Nanny, 1925) addirittura si operi un taglio sull'ampia introduzione strumentale con buona pace delle anticipazioni e delle presentazioni dei temi assegnate proprio a quella sezione, trasponendo il

Concerto in una ancora diversa tonalità, il *Concerto* in Fa # minore diviene così in Si minore. Quest'ultima edizione è stata riedita nel 1963 a New York, dalla International Music Company, con un nuovo curatore (Stuart Sankey), ottenendo in tal modo la revisione della revisione.

Dello stesso concerto dal 1960 esiste una edizione a cura di Heinz Hermann per la Breitkopf (nr. 8538) nella quale non è dichiarato nulla circa le scelte operate in merito ai testimoni; inoltre, per limitarci all'attacco del solista, le indicazioni dinamiche e di fraseggio seguono la versione in Sol minore e non quella in Fa # minore, la tonalità prescelta nell'edizione. Nulla è detto al proposito dal curatore.

Insomma ciò che accomuna le edizioni dei *Concerti* è l'impossibilità di riconoscere gli interventi dei diversi revisori, siano essi integrativi, interpretativi, alternativi o sostitutivi delle scelte effettuate da Bottesini.

6. Il problema della esecuzione delle musiche bottesiniane è ad ogni passo più complesso di quanto sembri ad un primo sguardo. Anche questo versante risulta in realtà ricco di interrogativi, a partire dallo strumento utilizzato dal compositore, ai problemi organologici legati alla prassi esecutiva del XIX secolo in relazione al contrabbasso, all'ideale stesso di contrabbasso che viene poco a poco a delinearsi attraverso l'analisi degli scritti bottesiniani. È evidente che un forte ausilio alla conoscenza di tale ideale, e dunque alla sua successiva riproposta attraverso i momenti esecutivi, è rappresentato dalla ricostruzione del testo, da affrontare alla luce dei problemi di definizione del testo che possono emergere dalla interrogazione diretta dei testimoni. In tal modo il momento esecutivo potrà avvalersi di un fondamentale strumento per la conoscenza delle immagini progettuali dell'Autore, punto di partenza per l'irrinunciabile apporto interpretativo dell'esecutore virtuoso.

NOTE

* Il testo della relazione letta nella giornata di studi cremasca è stato in parte rivisto, soprattutto in quei punti dedicati al brano conosciuto come *Concerto n. 2 in Si minore*, riproponendo in talune parti considerazioni tratte dalla mia *Introduzione* a GIOVANNI BOTTESINI, *Concerto in Si minore - Concertino in Do minore*, ed. critica a cura di Flavio Arpini, Lucca, LIM, 1999, pp. IX-XIII.

¹ Cfr. GEORG FEDER, *Filologia Musicale*, Bologna, Il Mulino, 1992 (*Musikphilologie. Eine Einführung in die musikalische Textkritik, Hermeneutik und Editionstechnik*, Darmstadt, Wissenschaftliche Buchgesellschaft, 1987, tr.it. di Giovanni Di Stefano, revisione di Lorenzo Bianconi), pp. 70-71; sulle conseguenze riguardanti la divisione in elementi essenziali e non essenziali si veda ora ANDREA MASSIMO GRASSI, *Varianti d'autore e varianti di trasmissione nel Trio op. 114 di Johannes Brahms. Osservazioni sui testimoni manoscritti e a stampa*, in *La critica del testo musicale*, a cura di Maria Caraci Vela, Lucca, LIM, 1995, pp. 325-358.

² Cfr. GASPARE NELLO VETRO, *Elenco delle composizioni e delle edizioni*, in *Giovanni Bottesini 1821-1889*, a cura di Gaspare Nello Vetro, Parma, Centro studi e ricerche dell'Amministrazione dell'Università degli Studi di Parma, 1989, pp. 165-184: 172; si veda anche la distribuzione dei testimoni, effettuata senza segnalare un corretto rapporto fra di loro, nelle due sezioni *Orchestra* e *Da Camera*, alle pp. 172 e 175 sotto i numeri Bot. 27, 29, 85, 88, 90 in LUIGI INZAGHI, *Catalogo delle musiche*, in *Giovanni Bottesini. Virtuoso del contrabbasso e compositore*, Milano, Nuove Edizioni, 1989, pp. 167-186, dove i criteri di distinzione tra testimoni ed i riferimenti bibliografici o edizioni moderne non sono chiari, essendo sommariamente riuniti sotto la dizione «Fonti»; inoltre i testimoni manoscritti sono ricordati solo come esistenti per sede di conservazione ma non indicati né con la segnatura di collocazione né con il titolo originale. Esiste poi, nella sede conservativa di Parma, un catalogo manoscritto del Fondo bottesiniano redatto dalla dott. Raffaella Nardella, ma si tratta di uno strumento di lavoro interno della biblioteca.

³ Il manoscritto è ritenuto apografo, con intervento di più mani, da Lucio Buccarella, nella sua *Preface*, datata 1982, in GIOVANNI BOTTESINI, *Concerto in b minor*, ed. by Lucio Buccarella, New York, International Music Company, 1985.

⁴ Dello stesso avviso sembrerebbe essere Gaspare Nello Vetro che, nell'elenco delle opere bottesiniane steso nel 1989, pur non associando il *Concertino* in Si minore agli altri testimoni, li ascrive tutti alla mano del compositore, cfr. GASPARE NELLO VETRO, *Elenco delle composizioni e delle edizioni*, p. 172.

⁵ Mi riferisco al manoscritto Ψ-1-3/25714-25718 (*Quartetto* in Mi bemolle maggiore) ed ai manoscritti CB-II-6/25751-756 (*Quintetto* in Fa maggiore) e Ψ-II-7/6539 (*Quintetto* in La maggiore). Per una disamina aggiornata circa il problema della datazione del *Quintetto* in La maggiore rimando allo studio di ANTONIO DELFINO,

Spigolature filologiche intorno alla musica da camera di Giovanni Bottesini, in *Giovanni Bottesini: tradizione e innovazione nell'Ottocento musicale italiano*. Atti della tavola rotonda (Crema 9 ottobre 1992), a cura di Flavio Arpini e Elena Mariani, Crema, Regione Lombardia - Amministrazione Provinciale di Cremona - Comune di Crema - Centro Culturale S.Agostino - Conservatorio di Musica "A. Boito" di Parma, Tipolito Uggé, 1993 (Quaderni del Centro Culturale S. Agostino, 14), pp. 55-76. In effetti uno strumento di indubbia utilità, purtroppo ancora assente dal panorama degli studi dedicati al compositore contrabbassista cremasco, sarebbe uno studio comparato fra grafie di testimoni datati con certezza.

[6] La segnatura presso la Sezione musicale della Biblioteca Palatina di Parma è Ψ-I-3/25758; cfr. le tavole riprodotte in *Giovanni Bottesini: tradizione e innovazione*, a corredo dell'intervento di Antonio Delfino in quella sede.

[7] CARLO MICHELE CAPUTO, *Catalogo della musica autografa, manoscritta, stampata e dei libri, trovati in casa del defunto Comm. Giovanni Bottesini*, ms. s.d. ma 1889, manoscritto conservato presso la Sezione musicale della Biblioteca Palatina di Parma. Per i manoscritti in questione rimando ai numeri 39 e 40 (relativi al *Concertino*) ed ai numeri 71 e 72 (relativi al *Concerto*) nel *Catalogo* di Caputo. Al numero 59/6, indicato come manoscritto copia del «Concertino in la», oggi non più presente in biblioteca, il Caputo rimanda al numero 60/f, che corrisponde al «Grande allegro di Concerto», cioè ad un'altra composizione. Analogamente avviene per i numeri 59/12 «Concerto (in mi)» (con rimando al 60/c «Fantasia Cerrito» e 59/14 «Solo (in la)» (con rimando a 60/d «Capriccio di bravura (in la)»). Vorrei esprimere la mia gratitudine alla Dott. Raffaella Nardella della sezione musicale della Biblioteca Palatina di Parma che mi ha gentilmente segnalato il *Catalogo* manoscritto di Caputo.

[8] Cfr. GASPARE NELLO VETRO, *Cronologia*, in *Giovanni Bottesini 1821-1889*, pp. 1-26: 2, 5, 7, 16.

[9] La leggera diversa coloritura della prima carta rispetto al secondo fascicolo è causata dall'aver ovviamente subito, nel tempo, una maggiore impressione di luce naturale: il confronto con le carte interne è a questo proposito rivelatore.

[10] D'ora innanzi, in accordo con le indicazioni di Bottesini, con *Concerto* mi riferirò alle versioni pianistiche in Si o Do minore, e con *Concertino* a quelle orchestrali, in Si oppure Do minore.

[11] Per gli esempi musicali mi permetto di rimandare direttamente all'edizione critica da me curata GIOVANNI BOTTESINI, *Concerto*, alle battute indicate delle versioni citate.

[12] Per brevità rimando ai seguenti luoghi: II tempo, b. 55 e III tempo b. 131; I tempo, bb. 28, 45, 71, II tempo, bb. 34, 36 e III tempo, b. 146; I tempo, b. 83 e II tempo, b. 44.

[13] Rinvio alle considerazioni espresse nella mia *Introduzione*, p. XI. Il *Concertino* in Si minore risulta anche mancante delle parti di «tromboni e timpani in fine (da scrivere)», come si legge sulla c. 1*r*.

[14] Carlo Michele Caputo, nel citato *Catalogo*, elenca al numero 88 un insieme di «27 foglietti» di «Schizzi, abbozzi, accenni» oggi dato per disperso.

[15] Cfr. GIANFRANCO CONTINI, *Breviario di Ecdotica*, Milano - Napoli, Riccardo Ricciardi Editore, 1986, in particolare *Filologia*, pp. 3-66: 14, 36; *La «Vita» francese «di Sant'Alessio» e l'arte di pubblicare i testi antichi*, pp. 67-98: 70, 73, e *La critica testuale come studio di strutture*, pp. 135-148: 138 sgg. Per una sintesi della questione, e sulle sue implicazioni nella filologia musicale, rimandiamo a MARIA CARACI VELA, *Introduzione*, in *La critica del testo musicale*, pp. 3-35 ed anche EAD., *Le specificità dei testi musicali e la filologia: alcuni problemi di metodo*, «Filologia Mediolatina», II (1995), pp. 43-56; si veda inoltre EAD., *Problemi di diffrazione nei repertori polifonici del Quattrocento*, in *L'edizione critica tra testo letterario e testo musicale*, Atti del convegno internazionale (Cremona 4-8 ottobre 1992), a cura di Renato Borghi e Pietro Zappalà, Lucca, LIM, 1995, pp. 373-378.

[16] Cfr. LUCIO BUCCARELLA, *Preface*.

[17] GIOVANNI BOTTESINI, *Metodo per Contrabasso*, Milano, Ricordi, s.d. ma 1870, pp. 26 e 94.

[18] *Ibidem*, p. 26.

[19] Le edizioni prese in considerazione di seguito nel testo sono le seguenti: GIOVANNI BOTTESINI, *Concerto No. 2 h-Moll*, hrsg. Von Rudol Malaric, Wien-München, Doblinger, 1969 (KRM 2); ID, *Concerto in b minor*, ed. by Lucio Buccarella, New York, International Music Company, 1985; ID., *Concertino in Si mi-*

nore per Contrabbasso e orchestra d'archi, Revisione di U. Ferrari, Busnago - Milano, Nuove Consonanze, 1990; ID., *Concerto no. 2 in A minor*, ed. by Rodney Slatford, London, Yorke Edition, 1981; ID., *Concerto*, [a cura di] Ed. Nanny, Paris, Alphonse Leduc, 1925; ID*., Concerto in b minor*, ed. by Ed. Nanny, Newly edited by Stuart Sankey, New York, International Music Company, 1963; ID., *Konzert für Kontrabaß und Orchester fis-moll*, hrsg. von Heinz Hermann, Wiesbaden, Breitkopf & Härtel, 1988 (Friedrich Hofmaister Musikverlag Leipzig, 1960 - Breitkopf nr. 8538).

Tav. n. 1: *Concerto* in Do minore per contrabbasso e pianoforte, ms. CB.II.6-25759, c. 1*r*, Sezione Musicale Biblioteca Palatina di Parma.

Tav. n. 2:
Concerto
in Si minore
per contrabbasso
e pianoforte,
ms. Ψ.I.5-47537,
c. 2*r*,
Sezione Musicale
Biblioteca Palatina
di Parma.

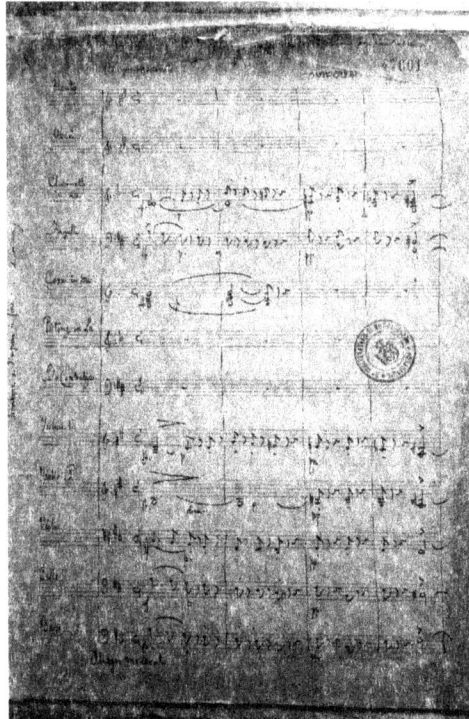

Tav. n. 3:
Concertino in Si minore
per contrabbasso e orchestra,
ms. CB.II.4-47601, c. 1*r*,
Sezione Musicale
Biblioteca Palatina di Parma.

Tav. n. 4:
Concertino
in Do minore
per contrabbasso
e orchestra d'archi,
ms. CB.II.4-47596-
600, c. 2*r*,
Sezione Musicale
Biblioteca Palatina
di Parma.

Tav. n. 5: *Concertino* in Do minore per contrabbasso e orchestra d'archi,
ms. CB.II.4-47596-600, c. 15*r*, Sezione Musicale Biblioteca Palatina
di Parma.

Tav. n. 6: *Concertino* in Do minore per contrabbasso e orchestra d'archi,
ms. CB.II.4-47596-600, c. 1*r*, Sezione Musicale Biblioteca Palatina
di Parma.

Tav. n. 7: *Concerto* in Si minore per contrabbasso e pianoforte, ms. Ψ.I.5-47537, fasc. II, Andante, c. 1*v*, Sezione Musicale Biblioteca Palatina di Parma.

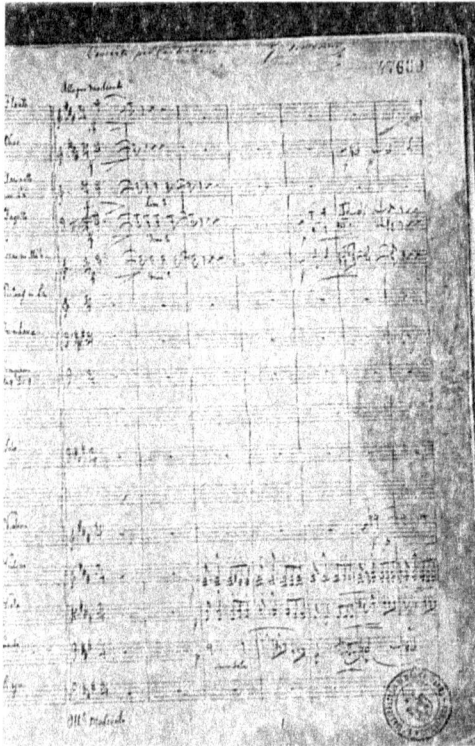

Tav. n. 8:
Concerto in Fa # minore
per contrabbasso e orchestra,
ms. CB.II.7-47639, c. 1*r*,
Sezione Musicale
Biblioteca Palatina
di Parma.

Tav. n. 9:
Concerto in Sol minore per
contrabbasso e orchestra,
ms. CB.II.6-25692-713, c. 1*r*,
Sezione Musicale
Biblioteca Palatina
di Parma.

Tav. n. 10:
Concerto in Fa # minore per
contrabbasso e pianoforte,
ms. CB.II.3-47533, c. 1*r*,
Sezione Musicale
Biblioteca Palatina di Parma.

Tav. n. 11:
Concerto in Sol minore per
contrabbasso e pianoforte,
ms. CB.II.6-25757, c. 1*r*,
Sezione Musicale
Biblioteca Palatina di Parma.

ANTONIO DELFINO

IL *QUARTETTO* N. 6 IN MI MINORE
DI GIOVANNI BOTTESINI:
RIFLESSIONI PRELIMINARI PER UN'EDIZIONE *

L'avviamento dell'auspicata edizione critica del *Quartetto* in mi minore è
stata l'occasione per ritornare su questa straordinaria composizione di cui ave-
vo già tratteggiato le particolarità nel mio precedente intervento alla Tavola rotonda del 1992.[1]

Rispetto a quel lavoro mi sono potuto giovare di una più recente microfil-
matura integrale del manoscritto grazie alla quale è stato possibile riprodurre
anche quelle parti nascoste che frammenti incollati sopra ne rendevano la lettura molto difficoltosa: il distacco di due loro angoli ha quindi permesso l'age-
vole accesso a quelle porzioni di testo che, come si vedrà, rappresentano motivo di grande interesse.[2]

La pubblicazione in edizione moderna apparirà molto probabilmente come
secondo volume – il primo del genere cameristico – in seno all'ambizioso progetto editoriale riguardante le opere più significative di Giovanni Bottesini, che,
in linea con i criteri filologicamente più aggiornati, vorrebbe rendere finalmen-
te accessibili per la prima volta composizioni tramandate in manoscritti e in
stampe d'epoca, oltre che ripubblicarne altre già note attraverso recenti trascrizioni non sempre pienamente attendibili.[3]

Il *Quartetto* in mi minore è attestato da un unico testimone autografo, redatto da Bottesini in partitura [P] e conservato nella sezione musicale della
Biblioteca Palatina di Parma presso il Conservatorio "A. Boito" sotto la segnatura Ψ-1-3/25758.[4] Sul frontespizio trovano posto la data «Parigi 30 marzo
1869.» e l'intestazione «Quartetto. N° 6. / Bottesini.».[5]

Il manoscritto si compone di un solo fascicolo sciolto formato da 4 carte
singole + 3 bifolii + 1 carta singola per un totale di 11 carte di qualità piuttosto
pregevole sulle quali non si reperiscono filigrane. Due sono i formati utilizzati
che si differenziano per le dimensioni e il numero di pentagrammi vergati: un
formato [I.] di cm 35,5 x 27,7 con 24 pentagrammi e un secondo formato leg-

germente più basso [II.] di cm 34,8 x 27,7 con 20 pentagrammi. La cartulazione a matita in alto a destra e la paginazione sempre a matita nell'angolo inferiore esterno sono state apposte recentemente. Lo schema seguente mostra la distribuzione dei formati e il contenuto delle singole carte e dei bifolii.

carte	pagine	formati	contenuto
1	1-2	I.	– (p. 1: frontespizio; p. 2: bianca)
2	3-4	II.	*Allegro moderato* (1° mov.)
3	5-6	II.	,,
4	7-8	II.	,,
5+6	9-12	II.	*Allegretto* (2° mov.)
7+8	13	II.	,,
	14-16		*Andante* (3° mov.)
9+10	17-20	I.	*Allegro con brio* (4° mov.)
11	22	I.	,,

Bisogna osservare che le carte 2-3, a causa del margine interno perfettamente combaciante, erano di certo unite a formare un bifolio, così come le due carte esterne 1 e 11, piuttosto rovinate nel margine interno, in origine costituivano anch'esse un bifolio entro il quale era raccolto tutto l'altro materiale, in mancanza di una copertina vera e propria e per l'inattuabilità di una qualsiasi cucitura per un fascicolo con queste caratteristiche. Abbastanza singolare è poi l'uso di un ampio formato tipicamente orchestrale per una composizione quartettistica, rispetto alle altre partiture manoscritte di musica da camera di Bottesini dove si usa regolarmente il formato oblungo;[6] più importante mi sembra per ora rilevare come fogli (e bifolii) staccati siano impiegati in questa circostanza.

Ogni movimento del *Quartetto* occupa pienamente lo spazio delle pagine a disposizione: l'*Allegro moderato* si svolge nelle sei pagine delle carte 2-4, l'*Allegretto* nelle quattro pagine del bifolio 5+6 più la prima pagine del bifolio 7+8, l'*Andante* nelle rimanenti tre pagine dello stesso bifolio, mentre l'*Allegro con brio* finale, unico movimento ad essere scritto su 24 pentagrammi, si estende su tutto il bifolio 9+10 più il *recto* dell'ultima carta. Questa netta suddivisione dei singoli movimenti su supporti quasi autonomi può significare che la possibilità di eventuali inversioni nell'ordine dei movimenti – di solito quelli

centrali – sia potenzialmente possibile, soprattutto quando non esista una qualche numerazione di mano dell'autore, come si verifica appunto qui. Se questo
dubbio è esplicitamente fugato dal fatto che il 2° movimento termina sul *recto*
di una carta (7) sul cui *verso* principia l'*Andante*, al contrario non ci si potrà
spingere oltre a una oggettiva constatazione dei fatti se da quanto rilevato prima si vogliono trarre delle conclusioni circa la successione cronologica dell'ef-
fettiva composizione dei quattro movimenti. Non mi pare che sussistano elementi per poter avanzare anche solo un'ipotesi in questo senso, anche se il diverso formato utilizzato per il finale, con il passaggio dalla p. 20 alla p. 21
(coincidente con la seconda carta del ricostruito bifolio [1+11?] mentre la c. 1
è destinata al frontespizio a mo' di fascetta), farebbe pensare all'idea di racco-
gliere materialmente il tutto a composizione completata, in una fase conclusiva
di scrittura. In ogni caso è proprio l'ordinata distribuzione del testo sulle pagine che dimostra come la struttura dell'intero *Quartetto* fosse già stata definiti-
vamente fissata all'atto della stesura del manoscritto. Non solo.

La grafia sicura ed elegante, la spaziatura regolare e ben misurata delle
battute,[7] la cura riposta nel disporre i segni di espressione e di fraseggio,[8] unite
alla quasi totale mancanza di correzioni e di varianti, qualificherebbero l'autografo come una 'bella copia', cioè con il testo fissato in pulito. Bottesini si sarebbe quindi fatto copista di se stesso redigendo con la massima attenzione
quella che senza dubbio è una redazione definitiva del suo lavoro. Se questo si-
gnifichi anche che il manoscritto preparato possa essere ritenuto un modello per
la stampa (*Stichvorlage*) da fornire ad un eventuale incisore non ci è dato sape-
re, non disponendo noi di documentazione riguardo alle intenzioni o ai deside-
ri dell'autore a promuovere la stampa del proprio *Quartetto*.

Sennonché questo stato di cose è valido per il 2°, 3° e 4° movimento, poiché l'*Allegro moderato* iniziale presenta una situazione un po' diversa. Nella
prima pagina di musica (p. 3) si osservano le caratteristiche di scrittura sopra ri-
levate, ma già l'ultima battuta della stessa pagina appare interamente cassata,
mentre dalla p. 4 in poi il *ductus* scrittorio comincia a farsi progressivamente
più nervoso, le battute cominciano a dilatarsi (quasi intuendo e preparandosi a
registrare possibili modifiche); ancora si percepisce, insomma, in quello che
avrebbe dovuto essere il testo in stesura definitiva, una certà instabilità dell'i-
dea musicale non ancora pervenuta al suo pieno compimento: momento, questo, suffragato in tutta evidenza dallo stratificarsi degli interventi che l'autore
conduce riscrivendo variante su variante, fino a ricorrerre, quando la comprensione
sione del risultato appare irrimediabilmente compromessa, all'uso di frammen-

ti pentagrammati incollati sui quali ricopiare la nuova versione, che a sua volta risulterà redazione intermedia a causa di ulteriori ripensamenti. La partitura, nel consegnarci comunque un testo che si può ragionevolmente ritenere in versione definitiva, ci testimonia nel contempo il processo compositivo in atto, anche se limitato alle tre pagine centrali del 1° movimento.[9]

Non ci sono infatti pervenuti materiali preparatori (abbozzi, schizzi, ecc.) relativi agli ultimi tre movimenti per poter impostare esaurientemente un discorso su tutto il *Quartetto*, ma, fortuna per noi, Bottesini ha provveduto involontariamente a lasciarcene qualche esempio riutilizzando la facciata bianca di carta pentagrammata precedentemente scritta.[10] I due frammenti in questione [tav. n. 12 e n. 14] sono quelli che coprono le ultime tre collature di p. 5 e le prime due di p. 6 [tav. n. 13 e n. 15] e misurano rispettivamente cm 19,5 x 24,7 e 13,7 x 24. Essi provengono dallo stesso foglio ed entrambi sono stati rifilati nei margini esterni dopo previa divisione orizzontale: lo provano le coincidenze di alcune figure e segni musicali interessati dal taglio. La parte scritta appartiene ad una precedente versione, stesa su doppio rigo, sotto forma di abbozzo frammentario [A] per pianoforte che corrisponde alle bb. 1-47 di P. Dato che A ricopre il testo in un certo stato di P e contemporaneamente ne attesta uno più recente, mi sembra fondamentale in questa sede presentare sotto forma di schema la corrispondenza strutturale tra i due testimoni e successivamente il repertorio delle varianti nella convinzione di aggiungere un piccolo tassello per un futuro studio sul processo compositivo di Bottesini compositore affinché ne venga rivalutata completamente la figura del compositore, oltre che di virtuoso di contrabbasso.[11]

Tavola delle corrispondenze tra le battute di A e di P del I mov.
«Allegro Moderato» del Quartetto n. 6 in Mi minore di G. Bottesini.

Abbozzo per pianoforte [A]			Partitura [P]	
1-20			1-20	
20(2)			|	
21-35			21-35	
|			*35(2)*	
36-47			36-47	
<47(2)>			|	
<48-52>			|	
52(2)		58	48	
52(3)		59	49	
|		|	*49(2)*	
<53-54>		|	|	
<54(2)>	*<55>*	60	50	
	<56>	*<61>*	51	
	<57>		|	
			52-77	
			|	*<*77(2-5)>*
			78-80	**82-*84* [1]
			|	*<*84(2-3)>*
			80(2)	|
			81-84	**85-*88*
			85-88	**78-*81* [2]
			89-102	**89-*102* [3]
			|	**102(2)*
			103-105	**103-*105*
			106-107	---
			108-117	
			117(2)	
			118-154	
			154(2-4)	
			155-183	

Repertorio delle varianti

I mov.: *Allegro moderato*

N.	Battuta	Annotazione
1	1	P: annerimento della min. (Vl1,Vl2) e cancellazione del punto di valore (Vla), con conseguente aggiunta di una pausa di semim. nell'*incipit*, per ripristinare l'attacco in arsi già previsto da A. Il segno di *sf* manca in A dove il *p* è invece anticipato.
2	3	Vl1: appoggiatura breve di semicr. in P, acciaccatura in A. Vla: appoggiatura breve di semicr. mancante in A.
3	4 Vl1	Due legature, comprendenti la semim. puntata + croma e la quartina di crome.
4	5 Vl1	Min. puntata (Do) e semim. (Re) in A.
5	5 Vl2	Ultima semim.: nota singola Fa#$_3$ in A.
6	7 Vlc	Due min. legate in A.
7	8	Primo tempo.: due crome (Sol$_3$ e bicordo Sol$_3$-Si$_3$) per parti interne d'accompagnamento in A.
8	10 Vla	Prima croma assente in A, che invece aggiunge un Si$_2$ al primo accordo.
9	13	Il profilo melodico del Vl1 in P amplia l'intervallo Fa#-Do di A con un arpeggio che ingloba anche le note Mi-Re# che in A appartengono ad una parte interna. La strumentazione definitiva comporta l'allungamento del La$_3$ del Vl2 a formare una 7ª sul terzo tempo.
10	15-16 Vlc	A: semim. Do e min. Si all'8ª bassa.
11	16 Vl2	La 3ª del primo accordo è assente in A.
12	16 Vl2, Vla	A: anticipazione come note ribattute delle crome sul terzo tempo.
13	19-20 Vl1	Simboli di *tr* sulle semim. dei tempi pari assenti in A.
14	19 Vl2	La nota Mi$_4$ dell'accompagnamento sincopato è trasportata all'8ª bassa in A.
15	20(2)	A: battuta cancellata per errore melodico.
16	20 Vla	A: quarta nota Fa#; mancano anche i due Do# della corrispondente parte di Vl2.
17	22 Vla	A: la seconda, quarta e quinta nota procedono per 3ª con il Vlc; la variante introdotta in P si configura come pedale armonico su Fa#.
18	23-24 Vl1, Vlc	Segni di *tr* sulle semim., rispettivamente sui tempi pari e dispari, assenti in A.

19	25-26 Vlc	A: la figurazione di accompagnamento in ottave alternate (croma-pausa di croma-croma puntata-semicr.) è stata invertita in P; i simboli per il marcato si riferiscono ancora alla lezione di A accolta in un primo tempo da P (cfr. b. 26, e per estensione le bb. 23-24). L'apposizione dei *tr* a b. 25 e il segno di ripetizione a b. 26 prolungano la precedente variante ornamentale (v. n. 18).
20	29-30	A: unico accordo prolungato e ribattuto in semim. La variante sostanziale si produce in P con il cambio di posizione dei suoni dell'accordo di 7ª diminuita nelle parti di Vl1, Vl2 e Vlc in concomitanza con l'aggiunta della caratteristica figurazione del *tr* (con semicr. ribattuta preparatoria e risoluzione dell'abbellimento) sulla prima min. del Vl1 e del Vlc.
21	31-32	A: unico accordo tenuto; per P si verifica la medesima situazione testuale della variante 20.
22	33 Vla, Vlc	P: sovrapposizione della figurazione di *tr* (cfr. variante 20) sulle lezioni già di A, rispettivamente sulla semim. Mi e sulle due crome ribattute che precedono il salto di 8ª ascendente. L'analoga soluzione prospettata per la semim. Do# del Vl2 è stata probabilmente scartata per l'insoddisfacente concatenamento melodico con la frase che segue.
23	34 Vl1	P: prima attestazione del salto ascendente ad un'8ª inferiore rispetto a A; forse a causa dell'incrocio con il Vl2 è ripristinata la lezione originaria con la successiva introduzione della consueta figura del *tr*.
24	34(2)	Battuta cancellata in P per un'ipotesi di variante relativa a una diversa distribuzione di suoni alle parti di Vl2 e Vla; la riscrittura alla b. 35 ricalca con precisione la disposizione di A.
25	36 Vlc	Rispetto alla lezione di A (quattro semim.: Re#-Sol#-Do#-Do#) P registra un solo Do# del valore di min.; aggiunta della figura di *tr* sul secondo tempo.
26	36	A: due semim. nel Vl1 (Re#-Mi#) e nella Vla (Mi#-Sol#) in luogo delle quartine di crome in P.
27	37-38	P: il segno di *tr* nel Vlc non è accompagnato dalle note accessorie che invece si leggono negli altri luoghi analoghi della Vla e del Vl1 (quest'ultimo senza le lettere *tr*), secondo la lezione instaurata dalla variante 20.
28	40 Vl1	Differenti valori ritmici in A: semim. con doppio punto-semicr.- due semim.
29	40 Vlc	A: due semim. Do#-Do# in 8ª ascendente; consueta figurazione del *tr* aggiunta successivamente.
30	45-47 Vla	Nonostante che da questo punto in poi la stabilità del testo di

		A venga meno, vi si può notare la mancanza dei suoni della Vla poi integrati in P.
31	48 Vla	P: la lezione originaria (tre crome: Re_2-Re_3-Re_2) è modificata abbassando il secondo Re a Sol e introducendo successivamente, la figurazione del *tr*.
32	49	P mantiene dapprima la lezione di A, poi assegna l'*incipit* del tema che era nel Vlc alla Vla (con conseguente eliminazione delle note di quest'ultima).
33	49(2)-50	Variante complessa il cui processo di definizione è testimoniato dalle molte stratificazioni che si verificano in P: l'elemento melodico del Vl1 e le due note gravi del Vlc sono quelli stabiliti in A (cfr. la corrispondente b. 60 di quest'ultimo); più tortuoso il percorso per arrivare allo stadio finale dell'accompagnamento: nella Vla la sincopazione sul Si_2 della b. 49(2) lascia il posto a quattro crome (seguite da pausa) per poi condensarsi in una min. Re#, nel Vlc le due min. originarie sono sostituite con un arpeggio sulla triade di Si maggiore (nella battuta cassata) per poi stabilirsi su due figure di *tr* poste sulle due note Si.
34	52 Vl2, Vla	P: i suoni sincopati sono trasportati una posizione più in alto nei loro rispettivi domini accordali.
35	53-54	Variante la cui genesi è difficile da ricostruire per la presenza di numerose cancellature. Nella parte di Vlc i due gruppi formati da semim. e min. (dotati di legatura) sono stati trasformati in due serie di tre semim. ciascuna; si può plausibilmente ipotizzare che il Vl2 e la Vla procedessero con analoghi andamenti di semim., poi sostituiti con figurazioni di *tr*; cfr., nella Ripresa, le bb. 143-144.
36	55-56 Vlc	Prolungamento sui primi tre tempi della croma iniziale.
37	58 Vla, Vlc	Trasformazione dei due gruppi di tre crome in figurazione di *tr*.
38	59 Vla	La prima lezione, con semim., min. e semim. (cfr. l'analoga b. 60), è modificata in funzione della formula del *tr* ma non è cancellata: benché ci siano i presupposti per considerare forse questo caso una variante alternativa (entrambe le soluzioni sono plausibili), la mancata cancellazione credo che sia verosimilmente da imputare ad una dimenticanza dell'autore (cfr., infatti, b. 149).
39	60	Vlc: figurazione di *tr* che si sovrappone alla seconda min. Re. Vl2: bicordo di min. Do-Fa# cancellato e sostituito da bicordi di semim. La-Sol e La-Fa#.
40	61 Vl2	Bicordi Do-Re e Si-Re sostituiti rispettivamente dai bicordi

		Do-La e Si-Sol; la variante è ribadita con l'aggiunta del nome delle note più acute.
41	69-70 Vl1	La nota lunga Re$_4$ (semim.+min.) è interessata dalla figurazione di *tr* sul terzo tempo della b. 69, ma con risoluzione in salto di 8ª al Re$_5$; altra figurazione di *tr* sul secondo tempo della b. 70 posta su Fa beq.$_5$.
42	72 Vl1	Quartina di crome Do-Si-Do-Do# ridotta a semim. puntata e croma (Do-Do#).
43	73 Vlc	Nota Fa al grave accorciata e sostituita da due Fa ribattuti posti a due 8e più acute.
44	74 Vl2, Vla	Figurazioni di *tr* rispettivamente alla 6^a e alla 3ª più acuta.
45	75 Vl2	Eliminato l'unisono con il Vl1 in favore di una nota ascendente di grado.
46	76 Vl2, Vla	Lo scambio di note rispettivamente La-Do e Do-La è sede per l'aggiunta del *tr*.
47	77	Il segno di rimando posto alla fine della battuta, in precedenza era anticipato alla b. 76 con l'evidente intenzione di dimezzare la durata dell'accordo dissonante, soluzione poi lasciata cadere.
48	*77(2-5)	Cancellazione di quattro battute al cui interno risuonava lo spunto tematico iniziale delle tre semim.: la variante destitutiva si verifica all'inizio dello sviluppo e favorisce un più immediato passaggio – senza accenni al tema principale – all'episodio caratterizzato dai cromatismi discendenti già utilizzato come ponte al secondo tema (bb. 33-44), che Bottesini intende sfruttare ma che ritiene di doverlo ancora posporre (cfr. la variante 55).
49	*82	Attraverso due varianti sovrapposte (ridistribuzione delle note di accompagnamento e successiva cancellazione delle stesse) il Vl1 rimane isolato con il suo intervallo di 7ª diminuita.
50	*83 Vlc	Figurazione di *tr* all'8ª inferiore della min. Re.
51	*84(2-3)	Battute cancellate contenenti un accenno sulla prosecuzione dell'episodio appena iniziato: la lunga nota La del Vl1 è rigettata in favore di una discesa di grado congiunto.
52	*86	Due Re al posto di due La nel Vl2; due La in luogo dei due Fa nella Vla.
53	*87 Vla	Semibreve che riempie le pause, per uniformarsi alle note tenute dagli altri strumenti.
54	*88 Vl1, Vla	Invece della discesa di grado delle semim. Do-Si-La il Vl1 realizza una diversa lezione melodica (Re-Re-Re#), nel contempo il Vl2 modifica la sua parte con tre Si$_2$ ribattuti e riconfermati con il loro stesso nome.
55	78	Da questo punto inizia, senza soluzione di continuità, lo svi-

luppo (bb. 78-104) la cui ultima redazione prevede l'anticipa-
zione dell'episodio che Bottesini indica come [1] (bb. *82-
*88) rispetto al gruppo di battute del numero [2] (bb. *78-
*81). Le singole varianti, già introdotte nella prima stesura,
sono qui tutte accolte ma vi si sovrappongono altre varianti di
scrittura.

56	79 Vl2, Vla	Figura di *tr*; nel Vlc lo stesso elemento, già presente in b. *83, è spostato alla b. seguente ma all'8ª alta.
57	80 Vl2, Vla	In luogo delle semim. legate (b. *84) le due parti si scambiano la risoluzione dell'abbellimento; la Vla aggiunge la figura di *tr* al terzo e quarto tempo.
58	81-84	Introduzione di una sincope con inizio nel Vl1 (b. 81) e prosecuzione anche nel Vl2 e nella Vla che raggruppa semim. ribattute e anticipa le min. su tempi dispari; in tale circostanza il *tr* compare al Vl2 e alla Vla (b. 83); ridistribuzione su due 8ᵉ discendenti consecutive della parte di Vlc.
59	81	Bottesini cancella la b. *80(2)* per spostare la figura di *tr* del Vlc nella seconda parte della battuta: le note dell'abbellimento sono però interessate da una grossa sbavatura d'inchiostro con funzione di cancellatura, in quanto il Re è riscritto come semibr.; la funzione ritmica del *tr* è assegnata alla Vla come risposta allo stesso elemento aggiunto nella prima parte della battuta del Vl2.
60	85	Nella redazione finale la posizione melodica dell'accordo di Mi maggiore è necessariamente diversa dalla parallela b. *78 (vedere anche i relativi segni di rimando) a causa della variante 54; per il Vlc cfr. anche la variante 58.
61	85-86	Figure di *tr* aggiunte al Vl1, Vla e Vlc rispetto alle bb. *78-79.
62	88-89 Vla, Vlc	Figure di *tr* aggiunte rispetto alle bb. *81-82.
63	89-90 Vl1	Tutto il segmento cromatico ascendente con *tr* sui tempi pari e sostituzione delle semim. con croma e pausa di croma sui tempi dispari; quest'ultima estesa anche ai paralleli luoghi del Vlc. Beq. al secondo Mi di b. 90 tralasciato per dimenticanza (cfr. b. *90).
64	93 Vl1	Nota isolata Do rispetto al bicordo Re#-Do di b. *94.
65	94	Sull'ultima nota Bottesini rispritina la lezione (Fa) che aveva già provveduto a cancellare alla b. *94; nelle stesse parti di Vl2 e Vla erano state apportate modifiche alla distribuzione dei suoni dell'accordo.
66	*95	Dalla seconda croma spostamento al grave delle note ribattute: di una 6ª nel Vl2 e di una 5ª nella Vla.
67	*97 Vl1	Spostamento sul quarto tempo del gruppo croma puntata e semicr. con conseguente allungamento della nota precedente.

68	*101 Vla	Trasporto alla 6ª superiore della figura di *tr*.
69	102	*Tr* alla Vla invece che al Vlc (cfr. b. *102).
70	102-103	Sovrapposizione di varianti alla ricerca della migliore soluzione strumentale relativa al gruppo delle tre crome ascendenti; si nota sostanzialmente un'inversione di tendenza: le entrate successive dall'acuto (Vl1 a b. *102) verso il grave – vedere la b. * 102(2) – lasciano posto ad una successione dal Vlc al Vl1.
71	104	La versione ultima rigetta definitivamente il *tr* della Vla di*P, già frutto di uno spostamento dal Vlc verso la Vla.
72	106	La cancellatura della figura di *tr* della Vla a favore del Vlc impone la simmetria con la b. 102 (cfr. la variante 70).
73	111	L'accenno di un arpeggio ascendente al Vl2 e al Vlc è modificato rispettivamente in valori ribattuti sincopati e con due semim. in 8ª ascendente. Nel tentativo di rendere più chiara la notazione del successivo bicordo di min. nella Vla Bottesini scrive le note sul rigo del Vl1.
75	115 Vl2	Cancellatura sull'ultimo tempo di un La (*recte* Mi) per evitare le ottave dirette con il Vlc.
76	117 Vla	Correzione di un Fa# in Si per completamento di accordo.
77	*117(2)*	Sono dapprima notati e poi cancellati i suoni di un accordo di 6ª eccedente, ma il percorso armonico che dovrebbe portare all'accordo di Si (b. 119) prende in considerazione una intera battuta sulla tonica (quasi identica alla b. 7) che Bottesini rifiuta per una terza soluzione che passa attraverso la sopradominante (Do) e l'accordo di 7ª diminuita sul IV grado alterato.
78	119	L'eliminazione della prima semim. in sincope nel Vl1 e nel Vlc determina una più complessa natura degli accordi sincopati.
79	125	Le due note centrali nel Vl1 sono appena abbozzate e subito trasferite al Vl2, dove la quarta semim. è abbassata a Do per evitare l'unisono.
80	135 Vlc	Min. legata a croma in luogo di un accennato accompagnamento di crome isolate.
81	138 Vl2	Croma parigrado precedentemente legata alla min.
82	*154(2-4)*	Appunto per una variante di grande interesse che prevedeva l'uso del tema per valori aggravati. Bottesini opta per la ripresa dell'episodio in accordi omoritmici sincopati.
83	158 Vlc	L'ultima croma all'8ª bassa per consentire il cromatismo di grado congiunto.
84	169	Ampia cancellatura all'interno della battuta: vi si riesce solo a scorgere un Sol# acuto nel Vl1 e un Fa beq. nel Vlc.

| 85 | 174 | Spostamento alla posizione inferiore dei suoni costituenti l'arpeggio discendente nel VI1, VI2 e nella Vla. |
| 86 | 176 | Le cancellature sulle seconde quartine di semicr. rimandano chiaramente, per il passaggio in unisono e in 8ª, alla lezione del VI2. |

II mov.: *Allegretto*

N.	Battuta	Annotazione
87	16	Do-Sol in luogo di un Do min.
88	127-128 VI2	I quattro Si bem. in luogo di quattro Sol.

III mov.: *Andante*

N.	Battuta	Annotazione
89	34-35 Vla	I due parigrado La# a cavallo di battuta sono cancellati in quanto errore di anticipo (cfr. bb. 35-36).

IV mov.: *Allegro con brio*

N.	Battuta	Annotazione
90	100-101 VI2	Tre cancellature per abrasione che non permettono di valutare la variante.
91	113-114 VI2	Due cancellature per abrasione che non permettono di valutare la variante.
92	209 VI2	La cancellatura riduce il terzo e quarto bicordo a due note singole (Mi bem.-Re).
93	289 Vla	Spostamento all'8ª acuta della semim. e alla 6ª acuta della quartina di semicr.

NOTE

* Sigle e abbreviazioni usate nel testo: Vl1 = primo violino, Vl2 = secondo violino, Vla = viola, Vlc = violoncello, semibr. = semibreve, min. = minima, semim. =
semiminima, semicr. = semicroma, b./bb. = battuta/battute, bem. = bemolle, beq. =
bequadro.

[1] ANTONIO DELFINO, *Spigolature filologiche intorno alla musica cameristica di
Giovanni Bottesini*, in *Giovanni Bottesini: tradizione e innovazione nell'Ottocento
musicale italiano*, Atti della Tavola rotonda (Crema 9 ottobre 1992), a cura di
Flavio Arpini e Elena Mariani, Crema, Regione Lombardia - Amministrazione
Provinciale di Cremona - Comune di Crema - Centro Culturale S. Agostino -
Conservatorio di Musica "A. Boito" di Parma, Tipolito Uggé, 1993, (Quaderni del
Centro Culturale S. Agostino, 14), pp. 55-76, in particolare le pp. 67-70.

[2] La trascrizione che correda il mio precedente scritto, condotta su una serie di fo-
tografie scattate da diverse angolazioni – sollevando i lembi dei frammenti – e successivamente controllata direttamente sul manoscritto, non è purtroppo esente da
imperfezioni di lettura: una lista di *errata corrige* relativa a quei passi si trova più
avanti alla nota 11.

[3] È significativo che questa serie di pubblicazioni sia inaugurata da una delle composizioni più note e frequentate del catalogo di Bottesini, il *Concerto in si min.
(Concertino in do min.)* per contrabbasso e orchestra, la cui fortuna odierna si basa
su un certo numero di edizioni quanto mai precarie per qualità di testo che si pongono acriticamente nei confronti della complessa tradizione costituita dalle quattro
versioni approntate dall'autore: cfr. lo studio di Flavio Arpini in questo stesso volume; inoltre si veda GIOVANNI BOTTESINI, *Concerto in Si minore - Concertino
in Do minore*, ed. critica a cura di Flavio Arpini, Lucca, LIM, 1999.

[4] Il manoscritto fa parte del lascito del compositore, ma le segnature della biblioteca inizianti con lettera greca raccolgono materiale raro non omogeneo. Al momento attuale è in corso un radicale riordinamento del fondo Bottesini a cura della dott.
Raffaella Nardella e dello *staff* della biblioteca, che determinerà certamente il rin-
novo di tutte le segnature.

[5] Oltre al timbro di appartenenza della biblioteca sono presenti anche un timbro in
caratteri maiuscoli «Controllo» e un numero «42» che si riferiscono ad un inventa-
rio degli anni Quaranta. Il numero della segnatura «25758» compare stampigliato

anche a p. 9 e alla fine del Quartetto (p. 22). Nel manoscritto si leggono due anno-tazioni di pugno dell'autore: alcune operazioni aritmetiche sul margine destro del frontespizio e una dicitura a p. 8 «Tour d'Auvergne 44 M. Cohen» che può essere interpretata come un indirizzo di Parigi (corrispondente alla Rue de la Tour d'Auvergne situata nel 9ᵉ arrondissement). Per una diversa interpretazione di que-st'ultima frase cfr. ANTONIO DELFINO, *Spigolature filologiche*, p. 74, nota 41.

⁶ Interessante sarà allora confrontare i diversi tipi di carta usati da Bottesini tenen-do nel debito conto la datazione delle singole opere e procedendo a controlli incro-ciati sistematici per affinare una griglia di datazione abbastanza sicura: metodo di indagine ampiamente utilizzato dalla musicologia, ma che nel caso di Bottesini pre-suppone una ricognizione accurata dell'intera sua vasta produzione che è ancora da venire, ma che sarà il passaggio obbligato per la realizzazione di un articolato ca-talogo tematico ormai non più procrastinabile.

⁷ Solo in rari casi Bottesini aggiunge piccole porzioni di pentagramma per evitare di lasciare spazi vuoti o di andare a capo; cfr. pp. 10, 11, 19 e 21.

⁸ La mancata ripetizione, ad esempio, dei segni di staccato che si verifica qui e là nel testo è dovuta non certo a lacune ma a criteri di economia in quanto l'interpre-tazione del testo risulta sempre abbastanza sicura.

⁹ Dove, non è un caso, si concentra la quasi totalità delle varianti registrate nell'in-tero *Quartetto*.

¹⁰ Il materiale cartaceo è identico al formato I. sopra descritto e la distanza tra i va-ri pentagrammi corrisponde perfettamente: si trattava quindi di un foglio con 20 pentagrammi.

¹¹ Nella Tavola delle corrispondenze tra A e P i numeri di battuta in tondo signifi-cano sostanziale identità di lezione, il corsivo denota le battute cancellate (il nume-ro tra parentesi tonde con valore reiterativo [2 = bis, 3 = ter, ecc.]), i numeri di bat-tuta tra parentesi uncinate indicano materiale rifiutato anche in presenza di qualche somiglianza, l'asterisco indica infine le corrispondenti battute di P ricoperte da A. I numeri tra parentesi quadre sono impiegati da Bottesini per chiarire un diverso or-dine dato a gruppi di battute. Si dà di seguito l'*errata corrige* delle trascrizioni in notazione moderna di A e di *P (cfr. rispettivamente gli esempi 4-5 e 6-7 contenu-ti in ANTONIO DELFINO, *Spigolature filologiche*).
[A] B. 1, un segno di *p* alla prima semim. nei due righi. B. 4, nota più acuta Re₅. B.

11, croma Sol# da spostare sotto la quarta croma della quartina; Fa#$_3$ *recte* Sol$_3$. B. 19, nota più acuta Sol$_5$. B. 22, aggiungere un Fa#$_4$ al Re# come bicordo di croma. B. 25, # davanti al primo Fa$_2$. B. 26, # davanti al Fa. B. 30, prolungare le legature di valore dalla b. 29. B. 33, # al Do semim. B. 34, pausa di semim. davanti alla croma. B. 34, legature di valore alla prima croma e alla prima semim. dalla b. precedente. B. 38, legature di valore alle semim. dalla b. precedente. B. 39, legatura di valore al Fa# semim. dalla battuta precedente. B. 41, cassare il Do# nel primo accordo. B. 52, segno di rimando (cerchio crociato). B. 54, aggiungere il bicordo La-Do sotto al Mi sul quarto tempo. B. 59, terzo bicordo Re#-La.

[*P] Le prime sei collature della trascrizione (es. 6) senza indicazioni di chiavi e armature. Bb. *77(2-5), aggiungere segni di cancellatura per tutti gli strumenti. B. *83, *sf* al Vlc. B. *84, legatura di valore dalla b. precedente nella Vla. B. *88, cassare le tre semim. Do-Si-La nel Vl1. B. *98, segni di staccato per le crome ribattute. B. *102(2), # ribattuto al Re nel Vl1 e segno di marcato al Re# più grave del Vl2.

ANTONIO DELFINO

Tav. n. 12: *Quartetto* in Mi minore, ms. Ψ.I.3-25758, Sezione Musicale Biblioteca Palatina di Parma, abbozzo autografo per pianoforte, bb.1-40 (cfr.
trascrizione in ANTONIO DELFINO, *Spigolature filologiche*, esempio 4).

Tav. n. 13: *Quartetto* in Mi minore, ms. Ψ.I.3-25758, Sezione Musicale Biblioteca Palatina di Parma, Partitura autografa, bb. *77(2)-*97 (cfr. trascrizione in ANTONIO DELFINO, *Spigolature filologiche*, esempio 6).

Tav. n. 14: *Quartetto* in Mi minore, ms. Ψ.I.3-25758, Sezione Musicale Biblioteca Palatina di Parma, abbozzo autografo per pianoforte, bb. 41-61 (cfr. trascrizione in ANTONIO DELFINO, *Spigolature filologiche*, esempio 5).

Tav. n. 15: *Quartetto* in Mi minore, ms. Ψ.I.3-25758, Sezione Musicale Biblioteca Palatina di Parma, Partitura autografa, bb. *98-*105 (cfr. trascrizione in ANTONIO DELFINO, *Spigolature filologiche*, esempio 7).

ADOLFO BOSSI

DISCOGRAFIA

SIMBOLI E ABBREVIAZIONI

LP	Long - playing record
CD	Compact Disc
(1) o (2) o (3)	Numero dischi
UK o altre	Nazione della edizione
1989 o altri	Anno di edizione
Teldec o altre	Società di stampa del CD o LP (*)
2292-42125-2 o altri	Codice di identificazione

bar	Baritono	fl	Flauto	sop	Soprano
basso	Basso	hp	Arpa	ten	Tenore
cb	Contrabbasso	mez	Mezzosoprano	va	Viola
cl	Clarinetto	org	Organo	vc	Violoncello
contr	Contralto	pf	Pianoforte	vn	Violino

A	Austria	DK	Danimarca	S	Svezia
B	Belgio	F	Francia	SU	Finlandia
BG	Bulgaria	H	Ungheria	TW	Taiwan
C	Canada	I	Italia	UK	Gran Bretagna
CH	Svizzera	J	Giappone	URSS	Russia
D	Germania	NL	Olanda	USA	Stati Uniti d'America

NOTA

Le composizioni sono elencate seguendo GASPARE NELLO VETRO, *Elenco delle compo-sizioni e delle edizioni* in *Giovanni Bottesini 1821 – 1889*, a cura di Gaspare Nello Vetro, Parma, Centro studi e ricerche dell'Amministrazione dell'Università degli Studi di Parma, 1989, pp. 165-184.

ADOLFO BOSSI

OPERE LIRICHE

IL DIAVOLO DELLA NOTTE – 1859 – Opera semiseria in quattro atti di Luigi Scalchi

Sinfonia

London Symphony Orchestra – direttore F. Petracchi	CD (1) - UK - 1994 - ASV	DCA 907
Orchestra Sinfonica Lituana di Vilnjus – direttore S. Frontalini	CD (1) - UK - 1994 - Bongiovanni	GB 2141-2

ALI BABÀ – 1871 – Opera comica in quattro atti di Emilio Taddei

Ouverture

London Symphony Orchestra – direttore F. Petracchi	CD (1) - UK - 1994 - ASV	DCA 907
Orchestra Sinfonica Lituana di Vilnjus – direttore S. Frontalini	CD (1) - UK - 1994 - Bongiovanni	GB 2141-2

ERO E LEANDRO – 1879 – Tragedia lirica in tre atti di Tobia Gorrio (Arrigo Boito)

Preludio

London Symphony Orchestra – direttore F. Petracchi	CD (1) - UK - 1994 - ASV	DCA 907
Orchestra Sinfonica Lituana di Vilnjus – direttore S. Frontalini	CD (1) - UK - 1994 - Bongiovanni	GB 2141-2

Romanza di Ero

Amelia Pinto (soprano)
(registrazione da disco a 78 giri) - UK - 1902 - G & Ts 53 238 (Harold Wayne Collection, 1902, vol. II - riedizione)

CD (1) - UK - 1993 - Symposium	1111

Splendi erma favella

Amelia Pinto (soprano)
(registrazione da disco a 78 giri)

CD (1) - UK - 1994 - Int. Record Collectors CD 808	

COMPOSIZIONI PER ORCHESTRA

Margherita - Ouverture

Orchestra Sinfonica Lituana di Vilnjus – direttore S. Frontalini   CD (1) - I - 1994 - Bongiovanni   GB 2141-2

Alba sul Bosforo

Orchestra del Maggio Musicale di Firenze – direttore F. Capuana   I - 1960 - Nastro della Discoteca di Stato

Orchestra Sinfonica Lituana di Vilnjus – direttore S. Frontalini   CD (1) - I - 1994 - Bongiovanni   GB 2141-2

Andante sostenuto - per archi

English Chamber Orchestra – direttore A.Litton   LP (1) - UK - 1986 - ASV   DCA 563
     CD (1) - UK - 1986 - ASV   DCA 563
     CD (1) - UK - 1994 - ASV   DCA 563

Orchestra Sinfonica Lituana di Vilnjus – direttore S. Frontalini   CD (1) - I - 1994 - Bongiovanni   GB 2141-2

Notti Arabe: il Deserto

Orchestra Sinfonica Lituana di Vilnjus - direttore S. Frontalini   CD (1) - I - 1994 - Bongiovanni   GB 2141-2

Notti Arabe: il Nilo

Orchestra Sinfonica Lituana di Vilnjus - direttore S. Frontalini   CD (1) - I - 1994 - Bongiovanni   GB 2141-2

Promenade des Ombres

Orchestra Sinfonica Lituana di Vilnjus - direttore S. Frontalini   CD (1) - I - 1994 - Bongiovanni   GB 2141-2

Piccola Preghiera - per archi

Orchestra Sinfonica Lituana di Vilnjus - direttore S. Frontalini   CD (1) - I - 1994 - Bongiovanni   GB 2141-2

Rèverie / Traumerei

Orchestra Sinfonica Lituana di Vilnjus – direttore S. Frontalini   CD (1) - I - 1994 - Bongiovanni   GB 2141-2

ADOLFO BOSSI

QUARTETTI E QUINTETTI

Gran quintetto per archi in Do minore n. 1

S. Accardo (vn), F. Cusano (vn), L.A. Bianchi (va), A. Meunier (vc), F. Petracchi (cb)

	LP (1) - I - 1975 - PDU	AC 60109
	CD (1) - I - 1985 - PDU	CDC 4014

L. Degani (vn), G. Curtolo (vn), G.C. Divacri (va), C. Teodoro (vc), S. Sciascia (cb)

	CD (1) - I - 1997 - Rivo Alto	CRR 9607

Quartetto in Si bemolle maggiore Op. 2 n°. 1

Quartetto Elisa: D. Beluffi (1°vn), G. Bellu (vn), L. Bartali (va), G. Lippi (vc)   CD (1) - I - 1998 - Dynamic   S 2006

Quartetto in Fa diesis minore Op. 3 n°. 2

Quartetto Elisa: D. Beluffi (1°vn), G. Bellu (vn), L. Bartali (va), G. Lippi (vc)   CD (1) - I - 1998 - Dynamic   S 2006

Quartetto in Re maggiore Op. 4 n°. 3

Quartetto Elisa: D. Beluffi (1°vn), G. Bellu (vn), L. Bartali (va), G. Lippi (vc)   CD (1) - I - 1998 - Dynamic   S 2006

COMPOSIZIONI PER UN CONTRABBASSO
(con accompagnamento di orchestra o pianoforte)

Auld Robin Gray (Variazioni su aria popolare scozzese)

T. Martin (cb), A. Halstein (pf)   CD (1) - UK - 1999 - ASV   DCA 1052

Adagio melanconico ed appassionato (Elegia par Ernst)

O. Badila (cb), A. Costantini (pf)   CD (1) - I - 1994 - Dynamic   CDS 122

Allegretto - Capriccio o Capriccioso (à la Chopin)

CON ORCHESTRA

M. Giorgi (cb), I Solisti Aquilani – direttore V. Antonellini	CD (1) - I - 1989 - Nuova Era	6810
G. Jàrdànyi (cb), Hungarian State Orchestra – direttore P.G. Morandi	CD (1) - H - 1997 - Hungaroton	HCD 31694

CON PIANOFORTE

L. Streicher (cb), N. Shetler (pf)	LP (1) - D - 1978 - Telefunken	6.42230 AS
	CD (1) - D - 1990 - Teldec	2292-42125-2
	CD (1) - D - 1998 - Teldec	3994-21799-2
Badila (cb), A. Costantini (pf)	CD (1) - I - 1994 - Dynamic	CDS 122
J. Quarrington (cb), A. Burashko (pf)	CD (1) - CA - 1997 - Naxos	8.554002
T. Martin (cb), A. Halstein (pf)	CD (1) - UK - 1999 - ASV	DCA 1052

Aria di Bach / Air de Bach

CON ORCHESTRA

G. Jàrdànyi (cb), Hungarian State Orchestra -- direttore P.G. Morandi	CD (1) - H - 1997 - Hungaroton	HCD 31694

CON PIANOFORTE

T. Martin (cb), A. Halstead (pf)	CD (1) - UK - 1999 - ASV	DCA 1052

RIDUZIONE PER ORGANO

S. Adelmann (cb), Berthold Hops (org)	CD (1) - D - 1997 - Cavalli - Records	CCD 226

Grande allegro di concerto à la Mendelssohn / Grande allegro da concerto

CON ORCHESTRA

M. Giorgi (cb), I Solisti Aquilani -- direttore V. Antonellini	CD (1) - A - 1997 - Koch - Swann	3-1424-2-G1

CON PIANOFORTE

L. Salvi (cb), B. Canino (pf)	LP (1) - I - 1968 Bentler	BE - S - 3013
T. Martin (cb), A. Halstead (pf)	LP (1) - UK - 1983 - ASV	ALH 939
	CD (1) - UK - 1984 - ASV	DCA 626
	CD (1) - UK - 1994 - ASV	DCA 626
G. Reinke (cb), H. Göbel (pf)	LP (1) - D - 1986 - Thorofon	MTH 318

ADOLFO BOSSI

L. Streicher (cb), N. Shetler (pf)	LP (1) - D - 1978 - Telefunken	6-42230
	CD (1) - D - 1990 - Teldec	2292-42125-2
	CD (1) - D - 1998 - Teldec	3984-21799-2
G. Járdányi (cb), I. Lantos (pf)	CD (1) - H - 1991 - VTCD Media	GBP 003
O. Badila (cb), A. Costantini (pf)	CD (1) - I - 1994 - Dynamic	CDS 122
E. Bosso (cb), L. Brancaleon (pf)	CD (1) - I - 1995 - Stradivarius	STR 33397
J. Quarrington (cb), A. Burashko (pf)	CD (1) - CA - 1997 - Naxos	8.554002

Beatrice di Tenda, Fantasia sull'opera di V. Bellini / Souvenir de la Beatrice di Tenda

CON PIANOFORTE

T. Martin (cb), A. Halstead (pf)	LP (1) - UK - 1983 - ASV	ALH 93
	CD (1) - UK - 1984 - ASV	DCA 626
	CD (1) - UK - 1994 - ASV	DCA 626
M. Ricciuti (cb), L. Zanardi (pf)	LP (1) - I - 1985 - Bongiovanni	GB 5010
O. Badila (cb), A. Costantini (pf)	CD (1) - I - 1996 - Dynamic	CDS 162

Bolero

CON ORCHESTRA

G. Járdányi (cb), Hungarian State Orchestra, direttore P. G. Morandi	CD (1) - H - 1997 - Hungaroton	HCD 31694

CON PIANOFORTE

J. Quarrington (cb), A. Burashko (pf)	CD (1) - CA - 1997 - Naxox	8.554002

Introduzione e Bolero

CON PIANOFORTE

T. Martin (cb), A. Halstead (pf)	LP (1) - UK - 1984 - ASV	ALH 956
	CD (1) - UK - 1984 - ASV	DCA 626
	CD (1) - UK - 1994 - ASV	DCA 626
O. Badila (cb), A. Costantini (pf	CD (1) - I - 1996 - Dynamic	CDS 162

Capriccio di bravura

CON ORCHESTRA

M. Giorgi (cb), I Solisti Aquilani , direttore V. Antonellini	CD (1) - A- 1997 - Koch-Swann	3-1421-2 G1

CON PIANOFORTE

T. Martin (cb), A. Halstead (pf)	LP (1) - UK - 1983 - ASV	ALH 939
	CD (1) - UK - 1983 - ASV	DCA 626
	CD (1) - UK - 1994 - ASV	DCA 626
	CD (1) - UK - 1999 - ASV	DCA 1052
L. Streicher (cb), N. Shetler (pf)	LP (1) - D - 1978 - Telefunken	6.42230-AS
	CD (1) - D - 1990 - Teldec	2292-42125-2
	CD (1) - D - 1988 - Teldec	3984-21799-2
O. Badila (cb), A. Costantini (pf)	CD (1) - I - 1994 - Dynamic	CDS 122
J. Quarrington (cb), A. Burashko (pf)	CD (1) - C - 1997 - Naxos	8.554002
D. Mc Tier (cb), K. Sturrock (pf)	CD (1) - GB - 1998 - Virtuoso	BBM 1005

RIDUZIONE PER QUATTRO CONTRABBASSI

Quatuor de contrebasse de Bruxelles: C. Vander Borght (cb), J. Vanherebthals (cb), M. Henne (cb), E. Demesmaeker (cb)

| | CD (1) - B - 1991 - Pavane | ADW 7254 |

Carnevale di Venezia, Fantasia / Introduction, tema et variations sur le grand carnaval de Venise

CON PIANOFORTE:

J. M. Rollez (cb), Ch. De Buchy (pf)	LP (1) - I - 1980 - Arion	ARN 38538
	LP (1) - I - 1980 - Arion	ARN 647
G. Járdányi (cb), I. Lantos (pf)	CD (1) - H - 1991 -VTCD Media	GBP 003
O. Badila (cb), A. Costantini (pf)	CD (1) - I - 1994 - Dynamic	CDS 122
S. Sciascia (cb), D. G. Leonardi (pf)	CD (1) - I - 1994 - Rivo Alto	CRR 9405
G. Reinke (cb), A. Yamashita (pf)	CD (1) - D - 1994 - Colosseum	COL 34 9509
T. Martin (cb), A. Halstead (pf)	CD (1) - UK - 1999 - ASV	DCA 1052

ADOLFO BOSSI

Concerto Cerrito, Fantasia

CON PIANOFORTE

M. Ricciuti (cb), L. Zanardi (pf)   CD (1) - I - 1987 - Bongiovanni   GB 5017-2

Contra-bass polka

CON ORCHESTRA

G. Jàrdànyi (cb), Hungarian State Orchestra, direttore P. G. Morandi   CD (1) - H - 1997 - Hungaroton   HCD 31694

Concerto N°. 1 in Fa diesis minore / in Sol minore

CON ORCHESTRA

T. Martin (cb), English Chamber Orchestra, direttore A. Litton   LP (1) - UK - 1986 - ASV   DCA 563
                                                                        CD (1) - UK - 1986 - ASV   DCA 563
                                                                        CD (1) - UK - 1994 - ASV   DCA 563

L. Streicher (cb), Munchener Kammerorchester, direttore H. Stadlmair   LP (1) - D - 1980 - Telefunken   6-42621-AW
                                                                              CD (1) - D - 1988 - Teldec   8-44057-ZS
                                                                              CD (1) - D - 1998 - Teldec   3984-21799-2

J. M. Rollez (cb), Orchestre Philharmonique de Monte-Carlo, direttore C. Bardon CD (1) - F - 1988 - REM   311073-XCD

O. Badila (cb), Orchestra "I Pomeriggi Musicali di Milano", direttore M. Zuccarini
                                                                        CD (1) - I - 1998 - Dynamic   CDS 210

Concerto (N°. 2) in Si minore / in Do minore

CON ORCHESTRA

J. M. Rollez (cb), Orchestre du Chambre de Radio France, direttore A. Girard   LP (1) - F - 1975 - Arion   ARN 38277
                                                                                      LP (1) - I - 1975 - Arion   ARN 621

H. Roelofsen (cb), Arnhaim Philarmonic Orchestra, direttore A. Francis   CD (1) - NL - 1988 - Gran Duo   8830

W. Harrer (cb), Neue Wiener Solisten, direttore G. Meditz   CD (1) - A - 1989 - Musica Mundi   311-112
                                                                   CD (1) - A - 1993 - Kock Swann   3-1338-2

W. Brum (cb), Orchestre Symphonique du Conservatoire de Colmar, direttore C. Brendel
                                                                   CD (1) - F - 1991 - Cristal   SCACD 06140

T. Fredin (cb), The Oskarshamn Ensemble, direttore J. O. Wedin	CD (1) - S - 1993 - Opus 3	CD 8502
T. Martin (cb), London Symphony Orchestra, direttore F. Petracchi	CD (1) - UK - 1994 - ASV	DCA 907
Zbigniew Borowicz (cb), Bottesini String Quartet	CD ( ) - USA - 1995 - SNE -Allegro	SNE 581
O. Badila (cb), Orchestra " I Pomeriggi Musicali di Milano ", direttore M. Zuccarini		
	CD (1) - I - 1998 - Dynamic	CDS 210

CON PIANOFORTE

E. Ferraris (cb), A. Ferraris (pf)	LP (1) - I - 1982 - Ars Nova	VST 6219
(edizione Cariplo - Car / an 001)	LP (1) - I - 1981 - Ars Nova	VST 6219

RIDUZIONE CON ORGANO

M. Hanskov (cb), N. E. Aggesen (org)	CD (1) - DK - 1991 - Danacord	DACO 378

Concerto di bravura N°. 1 in La maggiore

CON PIANOFORTE

M. Ricciuti (cb), L. Zanardi (pf)	CD (1) - I - 1987 - Bongiovanni	GB 5017-2

Elegia N°. 1 in Re maggiore - Op. 20

CON ORCHESTRA

D. Mc Tier (cb), Ensemble Paganini	CD (1) - J - 1987 - Denon	33 CO 1591
T. Fredin (cb), The Oskarshamn Ensemble, direttore J. O. Wedin	CD (1) - S - 1992 - OPUS 3	CD 8502
T. Martin (cb), London Symphony Orchestra, direttore F. Petracchi	CD (1) - UK - 1994 - ASV	DCA 907
G. Jàrdànyi (cb), Hungarian State Orchestra, direttore P. G. Morandi	CD (1) - H - 1997 - Hungaroton	HCD 31694

CON PIANOFORTE

K. Wolf (cb), R. Weilnhammar (pf)	LP (1) - D - 1979 - Etcetera	220556
L. Milani (cb), E. Lini (pf)	LP (1) - I - 1978 - Italia	itl 70037

L. Streicher (cb), N. Shetler (pf)		LP (1) - D - 1978 - Telefunken	6-42230AS
		CD (1) - D - 1990 - Teldec	2292-42125-2
		CD (1) - D - 1998 - Teldec	3984-21799-2
H. Krampe (cb), H. Dammann (pf)		LP (1) - D - 1979 - Musica Viva	30-1056
E. Ferraris (cb), A. Ferraris (pf)		LP (1) - I - 1982 - Ars Nova	VST 6219
	(edizione Cariplo - Car / an 001)	LP (1) - I - 1981 - Ars Nova	VST 6219
T. Martin (cb), A. Halstead (pf)		LP (1) - UK - 1984 - ASV	ALH 956
		CD (1) - UK - 1984 - ASV	DCA 626
		CD (1) - UK - 1994 - ASV	DCA 626
Y. Kawahara (cb), R. Hoffmann (pf)		LP (1) - D - 1986 - Largo	5005
		CD (1) - D - 1986 - Largo	5105
E. Radoukanov (cb), I. Lindgren (pf)		CD (1) - S - 1988 - Blue Bell	ABCD 018
K. Stoll (cb), K. Ogura (pf)		CD (1) - J - 1988 - Camerata	32 CM 61
K. Trumpf (cb), K. Kirbach (pf)		CD (1) - D - 1990 - Ars Vivendi	2100159
J. Katrama (cb), M. Rahkonen (pf)		CD (1) - SU - 1990 - Fazer Music	FACD 390
M. Hanskov (cb), Y. Lorskov (pf)		CD (1) - DK - 1991 - Danacord	DACO 378
G. Járdányi (cb), I. Lantos (pf)		CD (1) - H - 1991 - VTCD Media	GBP 003
W. Brum (cb), V. Roth (pf)		CD (1) - F - 1991 - Christal	SCA 06140
S. Sciascia (cb), D. G. Leonardi (pf)		CD (1) - I - 1994 - Rivo Alto	CRR 9405
J. M. Rollez (cb), A. Pondepeyre (pf)		CD (1) - F - 1994 - Magnelone	350-507
O. Badila (cb), A. Costantini (pf)		CD (1) - I - 1994 - Dynamic	CDS 122
C. Bortolamai (cb), L. Tringale (pf)		CD (1) - I - 1995 - Sipario	CS 32 C
J. Quarrington (cb), A. Burashko (pf)		CD (1) - C - 1997 - Naxos	8.554002
S. Adelmann (cb), D. Keilhack (pf)		CD (1) - D - 1997 - Cavalli - Records	CCD 226
D. Mc Tier (cb), K. Sturrock (pf)		CD (1) - GB - 1998 - Virtuoso	BBM 1005

Elegia e Tarantella

CON ORCHESTRA

M. Giorgi (cb), I Solisti Aquilani, direttore V. Antonellini	CD (1) - I - 1989 - Nuova Era	6810
Zbigniew Borowicz (cb), Bottesini String Quartet	CD (1) - USA - 1995 - SNE -Allegro	SNE 581

Elegia N°. 2 in Mi minore / Romanza drammatica

CON ORCHESTRA

G. Jàrdànyi (cb), Hungarian State Orchestra, direttore P. G. Morandi	CD (1) - H - 1997 - Hungaroton	HCD 31694

CON PIANOFORTE

E. Ferraris (cb), A. Ferraris (pf)	LP (1) - I - 1982 - Ars Nova	VTS 6219
(edizione Cariplo - Car / an 001)	LP (1) - I - 1981 - Ars Nova	VTS 6219
T. Martin (cb), A. Halstead (pf)	LP (1) - UK - 1983 - ASV	ALH 939
	CD (1) - UK - 1984 - ASV	DCA 626
	CD (1) - UK - 1994 - ASV	DCA 626
G Jàrdànyi (cb), I. Lantos (pf)	CD (1) - H - 1991 - VTCD Media	GBP 003
J. Katrama (cb), M. Rahkonen (pf)	CD (1) - SU - 1995 - Finlandia	4509 97894 2
	CD (1) - F - 1998 - Erato	39842 27082
O. Badila (cb), A. Costantini (pf)	CD (1) - I - 1996 - Dynamic	CDS 162
J. Quarrington (cb), A. Burashko (pf)	CD (1) - C - 1997 - Naxos	8.554002
D. Mc Tier (cb), K. Sturrock (pf)	CD (1) - GB - 1998 - Virtuoso	BBM 1004

Introduzione e Gavotta in La

CON ORCHESTRA

M. Giorgi (cb), I Solisti Aquilani, direttore V. Antonellini	CD (1) - I - 1989 - Nuova Era	6810
W. Harrer (cb), Neue Wiener Solisten, direttore G. Meditz	CD (1) - A - 1989 - Musica Mundi	311-112
G. Jàrdànyi (cb), Hungarian State Orchestra, direttore P. G. Morandi	CD (1) - H - 1997 - Hungaroton	HCD 31694

ADOLFO BOSSI

CON PIANOFORTE

T. Martin (cb), A. Halstead (pf)	LP (1) - UK - 1983 - ASV	ALH 956
	CD (1) - UK - 1999 - ASV	DCA 1052
H. Krampe (cb), H. Dammann (pf)	LP (1) - D - 1979 - Musica Viva	30-1056
L. Streicher (cb), N. Shetler (pf)	LP (1) - D - 1978 - Telefunken	6.242230AS
	CD (1) - D - 1990 - Teldec	2922-42125-2
	CD (1) - D - 1998 - Teldec	3984-21799-2
G. Járdányi (cb), I. Lantos (pf)	CD (1) - H - 1991 - VTCD Media	GBP 003
O. Badila (cb), A. Costantini (pf)	CD (1) - I - 1994 - Dynamic	CDS 122
J. Quarrington (cb), A. Burashko (pf)	CD (1) - C - 1997 - Naxos	8.554002

Gavotta

CON PIANOFORTE

K. Stoll (cb), K. Ogura (pf)	CD (1) - J - 1976 - Camerata	32 CM 61
	CD (1) - J - 1980 - Camerata	32 CM 60
J. Katrama (cb), M. Rahkonen (pf)	CD (1) - SU - 1990 - Fazer Music	FACD 390

Lucia di Lammermoor, Fantasia / Gran Fantasia su Lucia di Lammermoor di G. Donizetti

CON PIANOFORTE

T. Martin (cb), A. Halstead (pf)	LP (1) - UK - 1984 - ASV	ALH 956
	CD (1) - UK - 1984 - ASV	DCA 626
	CD (1) - UK - 1994 - ASV	DCA 626
M. Ricciuti (cb), L. Zanardi (pf)	CD (1) - I - 1985 - Bongiovanni	GB 5010
J. M. Rollez (cb), Ch. De Buchy (pf)	LP (1) - F - 1980 - Arion	ARN 38538
	LP (1) - I - 1980 - Arion	ARN 647
J. Katrama (cb), M. Rahkonen (pf)	CD (1) - SU - 1990 - Fazer Music	FACD 390

Y. Kawahara (cb), R. Hoffmann (pf)	CD (1) - D - 1993 - Largo	5123
O. Badila (cb), A. Costantini (pf)	CD (1) - I - 1994 - Dynamic	CDS 122
Z. Borowicz (cb), D. Bartlett (pf)	CD (1) - USA - 1995 - SNE -Allegro	SNE 581

Melodia

CON PIANOFORTE

J. Quarrington (cb), A. Burashko (pf)	CD (1) - C - 1997 - Naxos	8.554002

Melodia in Mi minore / Romanza patetica / Elegia N°. 3

CON ORCHESTRA

W. Harrer (cb), Neue Wiener Solisten, direttore G. Meditz	CD (1) - A - 1989 - Musica Mundi	311-112
	CD (1) - A - 1992 - Koch Swann	3-1338-2

CON PIANOFORTE

L. Streicher (cb), N. Shetler (pf)	LP (1) - D - 1978 - Telefunken	6. 42230AS
	CD (1) - D - 1990 - Teldec	2922-46125-2
	CD (1) - D - 1998 - Teldec	3984-21799-2
L. Andeyev (cb), M. Montyan (pf)	LP (1) - URSS - 1978 - Melodya	S-047115/6
J. M. Rollez (cb), Ch. De Buchy (pf)	LP (1) - F - 1980 - Arion	ARN 38538
	LP (1) - F - 1980 - Arion	ARN 647
Y. Goilav (cb), L. Custer (pf)	CD (1) - A - 1982 - Pelca	PSR 40619
	CD (1) - CH - 1991 - Tuxedo	TUX 1090
H. Krampe (cb), H. Dammann (pf)	LP (1) - D - 1979 - Musica Viva	30-1056
G. Járdányi (cb), I. Lantos (pf)	CD (1) - H - 1991 - VTCD Media	CBP 003
G. Page (cb), M. Drafi (pf)	CD (1) - D - 1992 - ITM	950-032
Y. Kawahara (cb), R. Hoffmann (pf)	CD (1) - D - 1993 - Largo	5123
E. Bosso (cb), L. Brancaleon (pf)	CD (1) - I - 1995 Stradivarius	STR 33397

O. Badila (cb) , A. Costantini (pf)	CD (1) - I - 1996 - Dynamic	CDS 162
J. Quarrington (cb), A. Burashko (pf)	CD (1) - C - 1997 - Naxos	8.554002
S. Adelmann (cb), D. Keilhack (pf)	CD (1) - D - 1997 - Cavalli - Records	CCD 226
T. Martin (cb), A. Halstein (pf)	CD (1) - UK - 1999 - ASV	DCA 1052

'Nel cor più non mi sento', tema e variazioni sull'aria di G. Paisiello - Op. 23

CON PIANOFORTE

E. Ferraris (cb), A. Ferraris (pf)	LP (1) - I - 1982 - Ars Nova	VST 6219
(edizione Cariplo - Car / an 001)	LP (1) - I - 1881 - Ars Nova	VST 6219
T. Martin (cb), A. Halstead (pf)	LP (1) - UK - 1984 - ASV	ALH 956
	CD (1) - UK - 1999 - ASV	DCA 1052
E. Radoukanov (cb), I. Lindgren (pf)	CD (1) - S - 1988 - Blue Bell	ABCD 018
G. Járdányi (cb), I. Lantos (pf)	CD (1) - H - 1991 - VTCD	GBP 003
Fu Yung-Ho (cb), Yu Yen-Cheng (pf)	CD (1) - TW - 1992 - Pony	CD 001
Y. Kawahara (cb), R. Hoffmann (pf)	CD (1) - D - 1993 - Largo	5123
B. Suys (cb), H. Geiregat (pf)	CD (1) - D - 1993 - Trittico	TC 91003
O. Badila (cb), A. Costantini (pf)	CD (1) - I - 1994 - Dynamic	CDS 122
S. Sciascia (cb), D. G. Leonardi (pf)	CD (1) - I - 1994 - Rivo Alto	CRR 9405
Z. Borowicz (cb), D. Bartlett (pf)	CD (1) - USA - 1995 - SNE -Allegro	SNE 581
A. Bosso (cb), L. Brancaleon (pf)	CD (1) - I - 1995 - Stradivarius	STR 33397

Norma, Fantasia sull'opera di V. Bellini

CON PIANOFORTE

M. Ricciuti (cb), L. Zanardi (pf)	LP (1) - I - 1985 - Bongiovanni	GB 5010

J. M. Rollez (cb), A. Pondepetre (pf) - 2 arie -	CD (1) - F - 1994 - Maguelone	350-507
O. Badila (cb), A. Costantini (pf)	CD (1) - I - 1996 - Dynamic	CDS 162

I Puritani, Fantasia sull'opera di V. Bellini

CON PIANOFORTE

J. M. Rollez (cb), Ch. De Buchy (pf)	LP (1) - F - 1980 - Arion	ARN 8538
	LP (1) - I - 1980 - Arion	ARN 647
O. Badila (cb), A. Costantini (pf)	CD (1) - I - 1996 - Dynamic	CDS 162

Reverie in La maggiore / Traumerei

CON PIANOFORTE

M. Ricciuti (cb), D. Clapasson (pf)	LP (1) - I - 1984 - Melody	MO 446
J. M. Rollez (cb), Ch. De Buchy (pf)	LP (1) - F - 1980 - Arion	ARN 38538
	LP (1) - F - 1980 - Arion	ARN 647
M. Ricciuti (cb), L. Zanardi (pf)	CD (1) - I - 1987 - Bongiovanni	GB 5017-2
K. Trumpf (cb), K. Kirbach (pf)	CD (1) - D - 1990 - Ars Vivendi	2100159
Y. Kawahara (cb), R. Hoffmann (pf)	CD (1) - D - 1993 - Largo	5123
O. Badila (cb), A. Costantini (pf)	CD (1) - I - 1994 - Dynamic	CDS 122
S. Sciascia (cb), D. G. Leonardi (pf)	CD (1) - I - 1994 - Rivo Alto	CRR 9405
E. Bosso (cb), L. Brancaleon (pf)	CD (1) - I - 1995 - Stradivarius	STR 33397
Z. Borowicz (cb), D. Bartlett (pf)	CD (1) - USA - 1995 - SNE -Allegro	SNE 581
J. Quarrington (cb), A. Burashko (pf)	CD (1) - C - 1997 - Naxos	8.554002
D. Mc Tier (cb), K. Sturrock (pf)	CD (1) - UK - 1998 - Virtuoso	BBM 1004
T. Martin (cb), A. Halstead (pf)	CD (1) - UK - 1999 - ASV	DCA 1052

ADOLFO BOSSI

Romanza dall'Elisir d'amore di G. Donizetti

RIDUZIONE CON ARPA

G. Jàrdànyi (cb), E. Devescovi (hp)   CD (1) - H - 1997 - Hungaroton   HCD 31694

Serenata dal Barbiere di Siviglia di G. Rossini

RIDUZIONE CON ARPA

G. Járdányi (cb), E. Devescovi (hp)   CD (1) - H - 1991 - VTCD Media   GBP 003
                                                       CD (1) - H - 1997 - Hungaroton   HCD 31694

La Sonnambula, Fantasia sull'opera di V. Bellini

CON ORCHESTRA

M . Giorgi (cb), i Solisti Aquilani , direttore V. Antonellini   CD (1) - I - 1989 - Nuova Era   6810

D. Mc Tier (cb), Ensemble Paganini   CD (1) - J - 1987 - Denon   33 CO 1591

CON PIANOFORTE

J. M. Rollez (cb), Ch. De Buchy (pf)   LP (1) - F - 1980 - Arion   ARN 38538
                                                       LP (1) - I - 1980 - Arion   ARN 647

E. Ferraris (cb), A. Ferraris (pf)   LP (1) - I - 1982 - Ars Nova   VTS 6219
                                (edizione Cariplo - Car / an 001)   LP (1) - I - 1982 - Ars Nova   VTS 6219

Y. Goilav (cb), L. Custer (pf)   LP (1) - A - 1982 - Pelca   PSR 40619
                                                       CD (1) - CH - 1991 - Tuxedo   TUX 1090

T. Martin (cb), A. Halstead (pf)   LP (1) - UK - 1984 - ASV   ASV 956
                                                       CD (1) - UK - 1999 - ASV   DCA 1052

M. Ricciuti (cb), L. Zanardi (pf)   CD (1) - I - 1987 - Bongiovanni   GB 5017

K. Trumpf (cb), K. Kirbach (pf)   CD (1) - D - 1990 - Ars Vivendi   2100159

O. Badila (cb), A. Costantini (pf)   CD (1) - I - 1994 - Dynamic   CDS 122

S. Sciascia (cb), D. G. Leonardi (pf)   CD (1) - I - 1994 - Rivo Alto   CRR 9405

DISCOGRAFIA

J. Katrama (cb), M. Rahkonen (pf)	CD (1) - SU - 1995 - Finlandia	4509 9789 2
	CD (1) - F - 1998 - Erato	39842 27082
D. Mc Tier (cb), K. Sturrock (pf)	CD (1) - GB - 1998 - Virtuoso	BBM 1004

Finale

RIDUZIONE CON ARPA

G. Jàrdànyi (cb), A. Devescovi (hp)	CD (1) - H - 1991 - VTCD Media	GBP 003
	CD (1) - H - 1997 - Hungaroton	HCD 31694

La Straniera, Fantasia sull'opera di V. Bellini / Fantasia sulla Straniera di V. Bellini

CON PIANOFORTE

M. Ricciuti (cb), G. Gruber (pf)	LP (1) - I - 1977 - Manta	MCL 02
M. Ricciuti (cb), L. Zanardi (pf)	LP (1) - I - 1984 - Bongiovanni	BG 5010
S. Sciascia (cb), D. G. Leonardi (pf)	CD (1) - I - 1994 - Rivo Alto	CRR 9405
O. Badila (cb), A. Costantini (pf)	CD (1) - I - 1996 - Dynamic	CDS 162

Tarantella in La minore

CON ORCHESTRA

J. M. Rollez (cb), Orchestra da camera di Radio France, direttore A. Girard	LP (1) - F - 1975 - Arion	ARN 38277
	LP (1) - I - 1975 - Arion	ARN 621
G. Amadio (cb), i Solisti Italiani	CD (1) - J - 1992 - Denon	COCO 75040
G. Jàrdànyi (cb), Hungarian State Orchestra, direttore P. G. Morandi	CD (1) - H - 1997 - Hungaroton	HCD 31694

CON PIANOFORTE

L. Streicher (cb), N. Shetler (pf)	LP (1) - D - 1978 - Telefunken	6-42230AS
	CD (1) - D - 1990 - Teldec	2292-46125-2
	CD (1) - D - 1998 - Teldec	3984-21799-2
Y. Goilav (cb), L. Custer (pf)	LP (1) - A - 1982 - Pelca	PSR 40619
	CD (1) - CH - 1991 - Tuxedo	TUX 1090

J. Katrama (cb), M. Rahkonen (pf)	LP (1) - SU - 1983 - Fuga	FG 3025
	CD (1) - SU - 1992 - Fuga	FGCD 3025
	CD (1) - SU - 1994 - Finlandia	4509 95605 2
W. Brum (cb), V. Roth (pf)	CD (1) - F - 1991 - Christal	SCA 06140
S. Sciascia (cb), D. G. Leonardi (pf)	CD (1) - I - 1994 - Rivo Alto	CRR 9405
C. Bortolamai (cb), L. Tringale (pf)	CD (1) - I - 1995 - Sipario	CS 32 C
S. Adelmann (cb), D. Keilhack (pf)	CD (1) - D - 1997 - Cavalli - Record	CCD 226

Aria dal *Trovatore* di G. Verdi

CON PIANOFORTE

G. Szwiza (cb), W. Harden (pf)	LP (1) - D - 1980 - Musica Viva	30-1076
	CD (1) - D - 1989 - Signum	X 23-00

RIDUZIONE CON ARPA

G. Járdányi (cb), E. Devescovi (hp)	CD (1) - H - 1991 - VTCD Media	CBP 003
	CD (1) - H - 1997 - Hungaroton	HCD 31694

COMPOSIZIONI PER DUE CONTRABBASSI
(con accompagnamento di orchestra o pianoforte)

Primo grande duetto per due contrabbassi

L. Milani (cb), E. Ferraris (cb)	LP (1) - I - 1977 - Italia	Itl 70022
	CD (1) - I - 1997 - Fonitcetra	CDC 114
K. Stoll (cb), G. Dzwiza (cb)	LP (1) - D - 1979 - Musica Viva	30-1069
	CD (1) - D - 1993 - Signum	SIG X 45-00

Polacca (terzo movimento)

K. Stoll (cb), G. Dzwiza (cb)	CD (1) - J - 1988 - Camerata	32 CM 60

Secondo grande duetto per due contrabbassi

L. Milani (cb), E. Ferraris (cb) LP (1) - I - 1978 - Italia Itl 70037
CD (1) - I - 1997 - Fonitcetra CDC 114

G. Dzwiza (cb), K. Stoll (cb) LP (1) - D - 1979 - Musica Viva 30-1069
CD (1) - D - 1993 - Signum SIG X 45-00

RIDUZIONE PER CONTRABBASSO E VIOLA

W. Gutter (cb), E. Sebestyen (va) LP (1) - D - 1985 - Musica Mundi 1642
CD (1) - D - 1986 - Musica Mundi 11642
CD (1) - A - 1988 - Koch Swann 311-042

Terzo grande duetto per due contrabbassi

L. Milani (cb), E. Ferraris (cb) LP (1) - I - 1977 - Italia Itl 70022
CD (1) - I - 1997 - Fonitcetra CDC 114

Concerto per due contrabbassi / Gran duo concertante

CON ORCHESTRA

W. Güttler (cb), K. Stoll (cb), Radio Symphonie Orchester, direttore M. Barnert LP (1) - D - 1985 - Musica Mundi 1642
CD (1) - D - 1986 - Musica Mundi 11642
CD (1) - A - 1988 - Koch Swann 311-042
CD (1) - A - 1992 - Koch Swann 3-1338-2

H. Reolofsen (cb), R. Senn (cb), Arnheim Philharmonic Orchestra, direttore A. Francis
CD (1) - NL - 1988 - Gran Duo 8830

Passione amorosa / Fantasia dalle canzonette di G. Rossini: la danza, la serenata notturna, i marinai.

CON ORCHESTRA

F. Petracchi (cb), T. Martin (cb), London Symphony Orchestra, direttore M. Gibson
CD (1) - UK - 1994 - ASV DCA 907

CON PIANOFORTE

K. Stoll (cb), G. Szwiza (cb), W. Harden (pf) LP (1) - D - 1980 - Musica Viva 30-1076
CD (1) - J - 1988 - Camerata 32 CM 60
CD (1) - D - 1989 - Signum X 23-00

E. Bosso (cb), L. Colonna (cb), L. Brancaleon (pf) CD (1) - I - 1995 - Stradivarius STR 33397

ADOLFO BOSSI

CON CONTRABBASSO, VIOLINO E ORCHESTRA

C. Stein (cb), R. Zimanski (vn), le Virtuose Romantique — CD (1) - F - 1989 - Harmonia Mundi — 905209

M. Giorgi (cb), D. Conti (vn), i Solisti Aquilani, direttore V. Antonellini — CD (1) - I - 1989 - Nuova Era — 6810

CON CONTRABBASSO, VIOLONCELLO E ORCHESTRA

O. Badila (cb), C. Ilea (vc), Romanian Radio Symphony Orchestra, direttore E. Simon
CD (1) - BG - 1992 - Olympia — OCD 422

COMPOSIZIONE PER CONTRABBASSO
(con altri strumenti solisti)

Duetto per contrabbasso e clarinetto

CON ORCHESTRA

T. Martin (cb), E. Johnson (cl), English Chamber Orchestra, direttore A. Litton — LP (1) - UK - 1986 - ASV — ALH 563
CD (1) - UK - 1986 - ASV — DCA 563
CD (1) - UK - 1994 - ASV — DCA 563

H. Reolofsen (cb), G. Pieterson (cl), Arnheim Philharmonic Orchestra, direttore A. Francis
CD (1) - NL - 1988 - Gran Duo — 8830

M. Giorgi (cb), V. Mariozzi (cl), i Solisti Aquilani, direttore V. Antonellini — CD (1) - I - 1989 - Nuova Era — 6810

CON PIANOFORTE

L. Milani (cb), P. Milani (cl), E. Lini (pf) — LP (1) - I - 1978 - Italia — Itl 70037

E. Bosso (cb), T. Capuano (cl), L. Brancaleon (pf) — CD (1) - I - 1995 - Stradivarius — STR 33397

CON FLAUTO, CONTRABBASSO E PIANOFORTE

M. Ricciuti (cb), M. Jorino (fl), L. Zanardi (pf) — CD (1) - I - 1987 - Bongiovanni — GB 5017

Duo concertante per violoncello e contrabbasso su temi de 'I Puritani' di V. Bellini - 1851

CON ORCHESTRA

K. Stoll (cb), J. Baumann (vc), Radio Simphonie Orchester Berlin, direttore J. Lopez - Cobos

LP (1) - D - 1983 - Telefunken	AZ 6.42853
CD (1) - D - 1998 - Teldec	3984-21799-2

W. Güttler (cb), M. Ostertag (vc), Radio Symphonie Orchester Berlin, direttore M. Bamert

LP (1) - D - 1985 - Musica Mundi	1642
CD (1) - D - 1986 - Musica Mundi	11642
CD (1) - A - 1988 - Koch Swann	311 042

H. Roelofsen (cb), M. van Staalen (vc), Arnheim Philharmonic Orchestra, direttore A. Francis

CD (1) - NL - 1988 - Gran Duo	8830

T. Martin (cb) M. Welsh (vc), London Symphony Orchestra, direttore F. Petracchi

CD (1) - UK - 1994 - ASV	DCA 907

CON PIANOFORTE

A. Bosso (cb), M. Polidori (vc), L. Brancaleon (pf)

CD (1) - I - 1995 - Stradivarius	STR 33397

Gran duo concertante per violino e contrabbasso

CON ORCHESTRA

L. Bucarella (cb), L. Vicari (vn), i Musici

LP (1) - NL - 1972 - Philips	6467038
CD (2) - NL -1997 - Philips 'Duo'	456330-2

F. Petracchi (cb), R. Ricci (vn), Royal Philharmonic Orchestra, direttore P. Bellugi

LP (1) - USA - 1972 - CBS	S 72995
CD (1) - USA - 1990 - CBS	72995
CD (1) - A - 1991 - Sony	SBK 47661

E. Radukanov (cb), M. Minchev (vn), Sofia Soloist Chamber Orchestra, direttore V. Kazandjiev

LP (1) - NL - 1975 - Fidelio	1859
CD (1) - NL - 1989 - Concerto	25016

W. Güttler (cb), E. Sebestyen (vn), Radio Symphonie Orchester Berlin, direttore M. Bamert

LP (1) - D - 1985 - Musica Mundi	1642
CD (1) - D - 1986 - Musica Mundi	11642
CD (1) - A - 1988 - Koch Swann	311042

179

M. Crenne (cb), Ch. Crenne (vn), Ensemble Jean Sébastien Bach, direttore M. Bleuze

	LP (1) - F - 1983 - Arion	36706

J. M. Rollez (cb), G. Jarry (vn), Orchestre du Chambre de Radio France, direttore A. Girard

	LP (1) - F - 1975 - Arion	38277
	LP (1) - I - 1975 - Arion	ARN 621

T. Martin (cb), J. L. Garcia (vn), English Chamber Orchestra, direttore A. Litton

	LP (1) - UK - 1986 - ASV	ALH 563
	CD (1) - UK - 1986 - ASV	DCA 563
	CD (1) - UK - 1994 - ASV	DCA 563

D. Mc Tier (cb), Y. Van Zweden (vn), Concertgebow Kammerorchester, direttore Jaap van Zweden

	LP (1) - NL - 1986 - Philips	420-272-1

W. Harrer (cb), C. Altenburger (vn), Neue Wiener Solisten, direttore G. Meditz   CD (1) - A - 1989 - Musica Mundi   311112

M. Giorgi (cb), D. Conti (vn), i Solisti Aquilani, direttore V. Antonellini   CD (1) - I - 1989 - Nuova Era   6810

W. Brum (cb), L. Philipp (vn), Orchestre Symphonique du Conservatoire de Colmar, direttore E. Maegey

	CD (1) - F - 1991 - Christal	SCA 06140

E. Kovalevsky (cb), B. Garlitsky (vn), Moskow Virtuosi Chamber Orchestra, direttore A. Durgaryan

	CD (1) - URSS - 1990 - Melodya	SUCD 276

H. Karr (cb), A. Zolniarczy (vn), Amedeus Kammerorchestra, direttore R. Pesen

	CD (1) - D - 1992 - MAG	AV 2100248

O. Badila (cb), Keng - Yuen Tsang (vn), Orchestra "I Pomeriggi Musicali di Milano ", direttore M. Zuccarini

	CD (1) - I - 1998 - Dynamic	CDS 210

CON PIANOFORTE

M. Anastasio (cb), J. Tyron (vn), H. Wingreen (pf)   LP (1) - UK - 1975 - Classic Edition   1035

E. Bosso (cb), S. Bresso (vn), L. Brancaleon (pf)   CD (1) - I - 1995 - Stradivarius   STR 33397

G. Ettorre (cb), S. Braconi (vn), M. Palumbo (pf)   CD (1) - I - 1997 - Dynamic   Speciale 001

COMPOSIZIONI VOCALI DA CAMERA
(per voce con accompagnamento di strumenti vari)

Une bouche aimée, Romanza

J. Fugelle (sop), T. Martin (cb), A. Halstead (pf)	LP (1) - UK - 1984 - ASV	ALH 956
	CD (1) - UK - 1984 - ASV	DCA 626
	CD (1) - UK - 1994 - ASV	DCA 626

Tutto il mondo serra, Melodia (arrangiamento dello *Studio op. 25 n°. 7* di F. Chopin)

F. Pollet (sop), G. Dzwiza (cb), C. Dutilly (pf)	CD (1) - D - 1989 - Signum	X 22-00
	CD (1) - D - 1989 - Signum	X 22-00
J. Fugelle (sop), T. Martin (cb), A. Halstead (pf)	CD (1) - UK - 1999 - ASV	DCA 1052

Un bacio, Melodia

C. Valdengo (bar), M. Ricciuti (cb)	CD (1) - I - 1987 - Bongiovanni	GB 5017

Povera mamma, Melodia

C. Valdengo (bar), M. Ricciuti (cb)	CD (1) - I - 1987 - Bongiovanni	GB 5017

Ci divide l'Ocean, Romanza

J. Fugelle (sop), T. Martin (cb), A. Halstead (pf)	CD (1) - UK - 1999 - ASV	DCA 1052

Romanza, (per soprano)

J. Fugelle (sop), T. Martin (cb), A. Halstead (pf)	CD (1) - UK - 1999 - ASV	DCA 1052

Melodia, (alla signora Tizzoni ,ricordo di un suonatore di contrabasso - 1 marzo 1844)

J. Fugelle (sop), T. Martin (cb), A. Halstead (pf)	CD (1) - UK - 1999 - ASV	DCA 1052

ADOLFO BOSSI

MUSICA SACRA

Messa da requiem, per quattro voci soliste e coro
(Torino, Teatro Regio il 24 marzo 1880)

Y. Hayashi (sop), L. Gallmetzer (mez), E. Jankovic (contr), C. Montané (ten), R. Amis el Hage (basso)
Orchestra e Coro della Radiotelevisione Italiana di Milano
Direttore del coro M. Bordignon
Direttore Pierluigi Urbini
Revisione di Franco Gallini   LP (1) - I - 1980 - Fonitcetra   LMA 3015

COMPOSIZIONI DI PIETRO BOTTESINI
e altre incisioni in onore di Giovanni Bottesini

PIETRO BOTTESINI (1792 - 1865)

Andante , tema e variazioni - (Il virtuosismo strumentale nell'800 italiano)

Trio Mistral: A. Puglia (cl), A. Koch (vc), M. Meloni (pf)   CD (1) - I - 1993 - Giulia   GS 201032

I Solisti di Roma: C. Scarponi (cl), M. Berni (fl), M. Coen (vn), M. Buffa (vn), M. Burton (va), M. Gambini (vc)
                                                                                                              CD (1) - I - 1996 - Musicaimmagine   MR 10031

ALTRE INCISIONI

ORCHESTRE DE CONTREBASSES - PARIS

Bottesini blues, di Christian Gentet

Y. Torchinsky (cb), E. Lagocé (cb), B. Drewry (cb), C. Gentet (cb et direction)   LP (1) - F - 1982 - Harmonia Mundi   LDX 74785

BOTTESINI DOUBLE - BASS QUARTET

Composizioni di J. Alm, B. Alt, B. Bandissone, J. Lauber, G. Marangoni, S. Prokofiev, D. Torta

E. Benzi (cb), E. Veniali (cb) D. Ghio (cb), S. Albesiano (cb)　　　　　CD (1) - I - 1994 - Bongiovanni　　　GB 5554-2

ADOLFO BOSSI

INDICE
DEI COMPACT DISCS E LONG PLAYING RECORDS

Allegro

SNE 581	CD	1995	(USA)	The Paganini of Double bass: Giovanni Bottesini

Arion

ARN 621	LP	1975	(1)	Il Contrabbasso di Giovanni Bottesini
ARN 647	LP	1980	(1)	Giovanni Bottesini
ARN 38538	LP	1980	(F)	Giovanni Bottesini
ARN 36706	LP	1983	(F)	L'art de la contrebasse
ARN 38277	LP	1975	(F)	Giovanni Bottesini

Ars Nova

VST 6219	LP	1982	(1)	Contrabbasso recital: Enzo Ferrari plays Bottesini

Ars Vivendi

2100159	CD	1990	(D)	Kontrabass populär - Bottesini, Kussewitzky, Massenet

A S V

DCA 563	CD	1994	(UK)	Bottesini N°. 1 - Gran duo concertante and other works
DCA 626	CD	1994	(UK)	Bottesini N°. 2 - Romanza drammatica and other works (2 edizioni)
DCA 907	CD	1994	(UK)	Bottesini N°. 3 - Passioni amorose and other works
DCA 1052	CD	1999	(UK)	Bottesini N°. 4 - Carnival of Venice and other works
DCA 563	CD	1986	(UK)	Giovanni Bottesini: A Showcase
DCA 626	CD	1986	(UK)	Giovanni Bottesini: Virtuoso double-bass
DCA 956	CD	1984	(UK)	Giovanni Bottesini: The Romantic double-bass
DCA 563	LP	1986	(UK)	Giovanni Bottesini: A Showcase
DCA 939	LP	1986	(UK)	Giovanni Bottesini: Virtuoso double-bass
DCA 956	LP	1984	(UK)	Giovanni Bottesini: The Romantic double-bass

Bluebell

ABCD 018	CD	1988	(S)	Eccles, Haydn, Bottesini, Shostakovich, Goens, Karadimchev, Serventi, Shostakovich

Bongiovanni

GB 5010-2	LP	1985	(I)	M. Ricciuti: Giovanni Bottesini (vol. I)
GB 5017-2	CD	1987	(I)	Mario Ricciuti suona Bottesini (vol. II)
GB 5053-2	CD	1984	(I)	I Bis di Mario Ricciuti per contrabbasso
GB 2141-2	CD	1994	(I)	Giovanni Bottesini - Sinfonie e altre composizioni per orchestra
GB 5554-2	CD	1994	(I)	Bottesini Double-bass Quartet

Camerata

32CM60	CD	1988	(J)	What a wonderfull contrabass world
32CM61	CD	1988	(J)	Virtuosity contrabass - Klaus Stoll

Cavalli Records

CCD226	CD	1997	(D)	Il Contrabbasso virtuoso: Bottesini, Fryba, J.S.Bach, Zbinden

C B S

72995	CD	1972	(USA)	Paganini e Bottesini - ' First stereo recording' -

Concerto

25016	CD	1989	(NL)	Concertos for double-bass and orchestra - Vivaldi, Bottesini, Von Dittersdorf

Christal

SCACD 06140	CD	1991	(F)	Giovanni Bottesini e Girolamo Frescobaldi

Colosseum

34. 9509	CD	1994	(D)	Contrabasso scherzando

Danacord

DACO378	CD	1991	(NL)	Lady Plays the Bass

Denon

Coco75040	CD	1992	(J)	I Solisti Italiani - Promenade Concert
33CO-1591	CD	1987	(J)	West Side Story - Paganini Ensemble

ADOLFO BOSSI

Dynamic

CDS 122	CD	1994	(I)	The best of Bottesini: Vol. 1 - Fantasias and Variations
CDS 162	CD	1996	(I)	The best of Bottesini: Vol. 2 - Fantasias and other works
Spec.001	CD	1997	(I)	I solisti del Teatro alla Scala - Due secoli di musica strumentale italiana (edizione speciale per la rivista CD Classica)
S 2006	CD	1998	(I)	Giovanni Bottesini - Three String quartets
CDS 210	CD	1998	(I)	Giovanni Bottesini and P. I. Tchaikovsky

Erato

| 3984-22708-2 | CD | 1998 | (F) | Le Charme de la Contrebasse: Bottesini, Massenet, Rachmaninov, Kreisler, De Falla, Albinoni, Tchaikovski, Ravel |

Finlandia

FACD390	CD	1990	(SU)	Contrabbasso con bravura: Jorma Katrama (cd)
95605-2	CD	1994	(SU)	Contrabbasso con amore: Jorma Katrama (cd)
97894-2	CD	1995	(SU)	Contrabbasso con sentimento: Jorma Katrama (cd)

Fonitcetra

| 3015 | LP | 1980 | (I) | Giovanni Bottesini: Messa da Requiem |
| FCTCDC 114 | CD | 1987 | (I) | Giovanni Bottesini: Tre grandi duetti per due contrabbassi |

Fuga

| FUGA 3025 | LP | 1983 | (SU) | Contrabbasso con amore |

Giulia

| GIUGS 201032 | CD | 1993 | (I) | Il Trio nell'opera italiana: Ponchielli, Donizetti, Pietro Bottesini, Pacini, Canepa |

Gran Duo

| 8830 | CD | 1988 | (NL) | Giovanni Bottesini: Concerto's with double-bass |

Harmonia Mundi *(Francia)*

| HMC905209 | CD | 1990 | (F) | Passione amorosa : Kreisler, Bottesini, Gershwin |
| LDX74785 | LP | 1982 | (F) | L'orchestre de contrebasses - 'Danses occidentales' |

Hungaroton

HCD 31694	CD	1997	(H)	Bottesini - Concert Pieces

Koch Schwann - Musica Mundi

311 112	CD	1989	(A)	G. Bottesini : Wolfang Harrer - Der Kontrabass
11642	CD	1986	(D)	G. Bottesini : Wolfgang Gütter, Klaus Stoll - Der Kontrebass
311 042	CD	1985	(A)	G. Bottesini : Klaus Stoll, Wolfgang Gütter - Der Kontrabass
VMS1642	LP	1985	(D)	G. Bottesini : Wolfgang Gütter, Klaus Stoll - Der Kontrabass
3.1338.2	CD	1992	(A)	Der Kontrabass - Bottesini, Paganini, Bodin de Boismortier
3.1424.2	CD	1997	(A)	Konzerte für Kontrabass und Streichorchester - Dragonetti , Bloch, Bottesini, Eccles, Cimador

Italia

Itl70022	LP	1977	(I)	Giov. Bottesini: Primo e terzo grande duetto per 2 contrabbassi
Itl70037	LP	1980	(I)	Giovanni Bottesini: Secondo grande duetto per 2 contrabbassi; Gran duo per clarinetto, contrabbasso e pianoforte; Elegia in Re

Largo

5005	LP	1986	(D)	Elegia: Fauré, Saint-Saëns, Paganini, Koussevitzky, Glière, Vivaldi, Bottesini, Gounod, Mozart
5105	CD	1986	(D)	Elegia: autori e composizioni come LP 5005
5123	CD	1986	(D)	Fantasy on Double-bass

Maguelone

MAG350507	CD	1994	(F)	Encores! Bis!

Melodya

SUCD276	CD	1990 (URSS)	Handel, Starnitz, Britten, Bottesini: Moscow Virtuosi Soloist

Musicaimmagine

MR10031	CD	1996	(I)	Il virtuosismo strumentale nell'800 italiano - Cherubini, Salieri, Pietro Bottesini, Mercadante, Boccherini, Donizetti

Musica Viva

MV30-1056	LP	1979	(D)	Werke von Bottesini, Dragonetti, Eccles, Koussevitzky
MV30-1069	LP	1979	(D)	G. Bottesini: Grandi duetti für zwei Kontrabässe
MV30-1076	LP	1980	(D)	The new colophonium bassquartet

ADOLFO BOSSI

Naxos

8.554002   CD   1997   (C)   Bottesini - Music for Double Bass and Piano - Volume 1

Nuova Era

6810   CD   1989   (I)   Giovanni Bottesini: Virtuoso Works for double-bass and strings

Olympia

OCD 422   CD   1992   (BG)   Cello concertos: Bottesini, Offenbach, Vieru

Opus 3
OPCD 8502   CD   1985   (S)   Concertos for Double - bass and Orchestra

Pavane

ADW7254   CD   1991   (B)   Quatuor de contrebasses de Bruxelles - Bottesini, Prokofiev, Joplin

Pelca

PRS40619   LP   1982   (D)   Der romantische Kontrabass - Bottesini and Schubert

Pony

CD 001   CD   1992   (TW)   Concertos: Dvorak, Schubert, Bottesini, Rimsky Korsakov

PDU Auditorium

CDC4014   CD   1975   (I)   Giovanni Bottesini e J. Nepomuk Hummel - Gran Quintetti per archi

Philips
420272-1   LP   1986   (NL)   Bottesini - Gran duo concertante, Mendelssohn - Concerto for
                                                          violin, piano & strings
456330-2   CD   1997   (NL)   Rossini, Wolf, Bottesini, Mendelssohn

R E M
311073XCD   CD   1988   (F)   Concertos pour contrebasse et orchestre - Koussevitzky, Bottesini,
                                                          Bogoteriev

Rivo Alto

CRR9405	CD	1994	(I)	Giovanni Bottesini: Opere per contrabbasso e pianoforte
CRR9607	CD	1996	(I)	Giovanni Bottesini - Gran Quintetto in Do minore, Gioacchino Rossini - Tre Sonate a quattro

Signum

SIG X22-00	CD	1989	(D)	Rarities for Bass Strings - Hoffmeister, Findeisen, Bottesini, Sperger (due edizioni)
SIG X23-00	CD	1989	(D)	The new Colophonium Bassquartet - Bottesini, Gounod, Granados
SIG X45-00	CD	1993	(D)	Contrabbasso vivace - Bottesini, Vanhal, Böch

Sipario

CS32C	CD	1995	(I)	Dragonetti, Sperger, Eccles, Rossini, Paganini, Bottesini

Symposium

1111	CD	1992	(UK)	The Harold Wayne Collection - Volume 11 - Emma Carelli, Giuseppe de Luca e Amelia Pinto (soprano - Bottesini: Ero e Leandro - La romanza d'Ero) - incisione Five G & Ts eseguita nel 1902 -

Sony

SBK47661	CD	1991	(A)	Paganini e Bottesini

Stradivarius

STR33397	CD	1995	(I)	Giovanni Bottesini - Musica con contrabbasso

Teldec

8.44057	CD	1980	(D)	Konzerte für Kontrabass - Bottesini, Dragonetti, Ditterdorf
2292-46125	CD	1990	(D)	Boccherini e Bottesini - Konzerte für violoncello und kontrabass
3984-21799-2	CD	1998	(D)	Giovanni Bottesini - Works for Double Bass

Telefunken

6.42621AW	LP	1978	(D)	Kontrabass-Konzerte; Bottesini, Dragonetti, Ditterdorf, Vanhal
6.42230AS	LP	1978	(D)	Ludwig Streicher spielt Bottesini
6.42853AZ	LP	1983	(D)	Doppelkonzerte - Boccherini, Bottesini, Eder

ADOLFO BOSSI

Trittico

TC 91003   CD   1993   (D)   Solo Collection - Laureate

Thorofon

MTH 318   LP   1986   (D)   Music für Kontrabass und Klavier - Paganini, Bottesini, Genzmer

Tuxedo Music

TUX 1090   CD   1991   (CH)   The Virtuoso Romantic Double Bass - Koussevitzky, Bottesini, Eccles,
                                                 Ravel, Dimitrescu, Madensky

Virtuoso (Black box)

BBM 1004   CD   1998   (GB)   Mc Tier 1° - Virtuoso double bass series - ' Tarantella '
BBM 1005   CD   1998   (GB)   Mc Tier 2° - Virtuoso double bass series - ' Capriccio '

VTCD Media

GBP 003   CD   1991   (H)   Giovanni Bottesini - In Memoriam -

www.ingramcontent.com/pod-product-compliance
Lightning Source LLC
Chambersburg PA
CBHW070414090426
42733CB00009B/1666